铁路专业汉语 1

主　编　商　拓
副主编　栾　慧　侯斌英
参　编　高　岚　陈丽颖　陈晓红

西南交通大学出版社
·成都·

图书在版编目（CIP）数据

铁路专业汉语. 1 / 商拓主编. —成都：西南交通大学出版社，2018.8

ISBN 978-7-5643-6310-9

Ⅰ. ①铁… Ⅱ. ①商… Ⅲ. ①铁路运输 – 汉语 – 中等专业学校 – 教材 Ⅳ. ①U298.3

中国版本图书馆 CIP 数据核字（2018）第 186584 号

铁路专业汉语 1

主编　商　拓

责任编辑	孟　媛
助理编辑	罗俊亮
封面设计	严春艳
出版发行	西南交通大学出版社 （四川省成都市二环路北一段 111 号 西南交通大学创新大厦 21 楼）
发行部电话	028-87600564　028-87600533
邮政编码	610031
网　　址	http://www.xnjdcbs.com
印　　刷	四川煤田地质制图印刷厂
成品尺寸	170 mm × 230 mm
印　　张	6.5
字　　数	89 千
版　　次	2018 年 8 月第 1 版
印　　次	2018 年 8 月第 1 次
书　　号	ISBN 978-7-5643-6310-9
定　　价	35.00 元

图书如有印装质量问题　本社负责退换
版权所有　盗版必究　举报电话：028-87600562

编 委 会

主　任： 李成坚　江久文

副主任： 史迹　刘乐宁　杨安文

编　委：（以姓氏笔画为序）

王萃娟　王海玲　任显楷　刘波

孙燕云　杨立力　里娜　陈小鸥

陈丽颖　陈晓红　张洁　侯斌英

栾慧　高岚　商拓　裴志远

管锐

前言
Preface

《铁路专业汉语 1》共 7 个单元，分别是绪论、线路、桥梁、隧道、轨道、地质、路基。

每个单元包括主课文 1 篇（约 500 字）、副课文 1 篇（约 500 字）、拓展阅读课文 2 篇。

副课文后附有练习题，练习题题型大约有 5 种，即根据拼音写词语、判断正误、根据课文内容填空（专业术语）、根据课文内容重组句子（以专业术语为主）、根据课文内容回答问题等。

拓展阅读课文，第一篇约 700 字，全文标注拼音，对本课文的生词教材不加以注释，鼓励学习者课前查阅字典、词典预习。课后附有问答题，主要考察学习者对短文的理解程度；第二篇约 1 000 字，全文标注拼音，供任课教师和学习者灵活处理。每一个单元的"拓展阅读课文"是与本单元内容相关的汉语科普性短文，以此形成系列，突出主题。

本教材是为在华攻读理工科学位的母语非汉语学习者编写的，目的是将预科阶段的汉语学习与日后的专业学习衔接起来，使其能够在预科阶段接触到专业词汇、专业语体及专业基础知识。本教材适用于汉语水平达到 HSK 三级，掌握了 600 个及以上汉语基础词汇的学习者使用。

本教材编写的原则是兼顾通用汉语和专业汉语的词汇、表达方式等特点。用浅显生动的汉语介绍专业基础知识，专业词汇量尽量控制在合理范围内，每篇课文生词控制在15~20个。

2017年6月中旬，我们在已学习3个月通用汉语的学生中试用了本教材的几个单元，学生称教材难度适中，对他们将来进入专业学习很有帮助。

出于教学需要，本教材的编写选用了部分专家、学者的文章，但由于时间仓促，部分文章未能与原作者取得联系，在此，我们致以诚挚的谢意！

由于编者水平有限，书中不免有疏漏不当之处，还请各位专家批评指正。有任何建议，都欢迎与我们联系。

编　者

2018年3月

目 录
Contents

第一单元　绪　论

课文一　什么是高速铁路

高速铁路，也叫“高铁”，是能让火车高速通过的铁路。1970年5月，日本规定：“列车能在200千米/小时以上速度**运行的干线**铁路称为高速铁路。”1985年5月，**联合国欧洲经济委员会**把高速铁路的列车最高运行速度规定为：**客运专线** 300千米/小时，**客货混线** 250千米/小时。1986年1月，**国际铁路联盟秘书长**勃莱（J. Bouley）认为，高速列车最高运行速度最少要达到200千米/小时。现在，一般认为，高速铁路就是列车最高运行速度达到200千米/小时的铁路。

高铁建设和管理的办法在每个国家都不一样，主要有四种情况：

一、新建高速铁路**双线**，专门运行高速客车，**运输**旅客，如日本新干线和法国高速铁路，都是客运专线，白天**行车**，晚上维修。

二、新建高速铁路双线，实行**客货共线**运行，如意大利罗马—佛罗伦萨高速铁路，客运速度250千米/小时，货运速度120千米/小时。

三、部分新建高速线与部分**既有线**混合运行，如德国柏林—汉诺威铁路，承担着客运和货运任务。

四、在既有线上使用**摆式列车**，如在美国东北部运行的摆式列车速度为 240 千米/小时。

生词

高速铁路	gāosù tiělù	high speed railway
运行	yùnxíng	operate
干线	gànxiàn	main line
联合国欧洲经济委员会	Liánhéguó Ōuzhōu Jīngjì Wěiyuánhuì	the United Nations Economic Commission for Europe (UNECE or ECE)
客运专线	kè-yùn zhuānxiàn	passenger dedicated line(PDL)
客货混线	kè-huò hùnxiàn	railway line for mixed passenger and freight traffic
国际铁路联盟	Guójì Tiělù Liánméng	International Union of Railways
秘书长	Mìshūzhǎng	Secretary General
双线	shuāngxiàn	double track
运输	yùnshū	transport
行车	xíngchē	train operation
客货共线	kè-huò gòngxiàn	mixed line for passenger and freight
既有线	jìyǒuxiàn	existing line/ railway
摆式列车	bǎishì lièchē	tilt train

语法点

1. 以上　more than

表示位置、次序或数目等超过或者达到某一点，用在数量词的后面。

例：三十岁以上比三十岁大，比如四十岁、五十岁

60 分以上比 60 分多，比如 70 分、80 分

HSK 四级以上比四级高，比如 HSK 五级、六级

反义词：以下

2. 达到　reach; amounts to

有时也可以用“达”，但是“达到”的意思和用途更多。

例：温度最高达到 42 摄氏度。/温度高达 42 摄氏度。

The temperature has peaked at 42 °C.

这栋楼的高度达到 200 米。/这栋楼高达 200 米。

这条河的宽度达到 300 米。/这条河宽达 300 米。

另外，“达”还有“到达”（arrive）的意思，比如课文二中的“直达”，意思就是中途不停留、直接到达（arrive without stop）。

课文二　高速铁路发展概况

高速铁路正在成为很多国家努力**推广**的交通运输方式，到 2013 年底，全世界已经**运营**高速铁路的国家有 18 个，**线路**总长 29 750 千米；其中，中国的**运营长度**世界第一。

在亚洲，1964 年 10 月 1 日，世界上第一条高速铁路——日本东海道**新干线**建成通车，当时最高运行速度是 210 千米/小时，全

程 515.4 千米，**直达**时间 3 小时。此后，日本大力发展新干线，提高技术水平，把新干线的最高运行速度提高到 320 千米/小时。到 2013 年 3 月，日本已经**通车**的新干线共有 6 条，线路总长度达 2 388 千米。

在欧洲，1981 年 9 月 27 日，欧洲第一条高速铁路，从法国巴黎到里昂（Lyon）的 TGV 东南线通车，全程 417 千米，直达时间 2 小时，列车运行最高速度为 270 千米/小时，经过**改造**后，最高速度 300 千米/小时。现在，法国共有 9 条高速铁路通车运营，线路总长度达 2 023.6 千米，列车最高运营速度达 320 千米/小时。

中国高铁虽然发展比较晚，但是发展速度非常快。2008 年 8 月 1 日，京津（北京—天津）城际高速铁路通车，速度达到 350 千米/小时，创造了世界高铁运营的第一速度。接着，中国高铁创造了很多项世界纪录，现在已经成为世界上高铁技术最全、**运营里程**最长、运行速度最快、应用范围最广的国家。

生词

推广	tuīguǎng	extend; promote
运营	yùnyíng	operation
线路	xiànlù	route
运营长度/运营里程	yùnyíng chángdù/yùnyíng lǐchéng	operating distance
新干线	Xīn'gànxiàn	Japanese Shinkansen
直达	zhídá	nonstop
通车	tōngchē	open to traffic
改造	gǎizào	upgrade

练习

一、根据拼音写词语。

gāosù kèyùn zhuānxiàn（　　　　　　）　kè-huò hùnxiàn（　　　　）　kè-huò gòngxiàn（　　　　）

xiànlù（　　）　gànxiàn（　　）　jìyǒuxiàn（　　）　shuāngxiàn（　　）　bǎishì lièchē（　　）

tōngchē lǐchéng（　　　　）　yùnxíng（　　）　yùnyíng（　　）　yùnshū（　　）

二、根据课文判断正误。

1. 日本规定：高速铁路的列车的运行速度在 200 千米/小时以下。（　　）

2. 欧洲把高速铁路客运专线的列车最高运行速度规定为：250 千米/小时。（　　）

3. 我们一般认为列车最高运行速度达到 200 千米/小时以上的铁路叫高速铁路。（　　）

4. 客运专线是专门用于旅客快速运输的高速铁路，白天行车，夜间维修。（　　）

5. 客货共线的高速铁路，客运速度和货运速度一致。（　　）

6. 在有的地方，新建的高速铁路是与既有线混合运行的，只用于旅客的快速运输。（　　）

7. 有的高速铁路并不是新建的，是在既有线上运行摆式列车。（　　）

8. 日本是世界上高速铁路运营里程最长的国家。（　　）

9. 日本东海道新干线，是世界上第一条高速铁路，它是在 1964 年投入运营的。（　　）

10. 中国高铁是世界上运行速度最快、技术最全的。（　　）

三、根据课文填空。

1. 1985 年 5 月，联合国欧洲经济委员会将高速铁路的列车最高运行速度规定为＿＿＿＿＿＿＿＿＿＿＿＿＿＿＿＿＿＿＿＿。

2. 列车在主要区间能以＿＿＿＿＿＿＿速度运行的称为高速铁路。

3. 高速铁路建设管理模式，有四种类型：一是新建高速铁路双线，专门＿＿＿＿＿＿＿＿＿，如日本新干线和法国高速铁路，白天行车，夜间维修；二是新建高速铁路双线，实行＿＿＿＿＿＿运行，如意大利罗马—佛罗伦萨高速铁路；三是＿＿＿＿＿＿＿＿＿，如德国柏林—汉诺威铁路，承担着＿＿＿＿＿＿＿任务；四是＿＿＿＿＿＿＿＿＿＿＿＿＿＿＿＿＿＿＿＿＿，如在美国“东北走廊”行驶的摆式列车速度为 240 千米/小时。

4. 高速铁路正在成为很多国家努力推广的＿＿＿＿＿＿＿，到 2013 年底，全世界＿＿＿＿＿＿＿＿＿＿＿＿＿＿的国家有 18 个，线路总长 29 750 千米；其中，中国的＿＿＿＿＿＿＿＿＿＿＿＿世界第一。

四、语法练习。

1. 我们请八十岁（以上/以下）的老人坐在前面。

2. 北方的冬天很冷，温度常常在 0 °C（以上/以下）。

3. 桌子上的书有十本（上面/以上）。

4. 速度（到达/达到）200 千米/小时的列车是高速列车。

5. 这列火车只花了三小时就北京，速度（高达/直达）300 千米/小时。

五、将适当的词语连接在一起

新建	高铁双线	规定	记录
改造	高速铁路	承担	任务
运营	旅客	推广	速度
运输	既有线	创造	高铁

课文三　拓展阅读 1

gāo sù tiě lù de yōu shì
高速铁路的优势

gāo sù tiě lù bǐ qǐ qí tā jiāo tōng yùn shū fāng shì yǒu hěn duō yōu shì
高速铁路比起其他交通运输方式有很多优势。

sù dù kuài
1. 速度快

sù dù shì gāo sù tiě lù de jì shù hé xīn　yě shì zhǔ yào de yōu shì　xiàn zài　gāo sù tiě lù shì zài lù dì shàng yùn xíng jù lí zuì cháng　yùn xíng sù dù zuì gāo de jiāo tōng yùn shū fāng shì　jìn jǐ nián jiàn chéng de
速度是高速铁路的技术核心，也是主要的优势。现在，高速铁路是在陆地上运行距离最长、运行速度最高的交通运输方式。近几年建成的

注：为简便起见，本书“一”“不”等字皆不做变调处理。

gāo sù tiě lù zuì gāo yùn xíng sù dù dōu zài qiān mǐ xiǎo shí zuǒ yòu
高速铁路，最高运行速度都在300千米/小时左右，
yù jì jǐ nián nèi jiāng dá dào huò tū pò qiān mǐ xiǎo shí
预计几年内将达到或突破350千米/小时。

yùn néng dà
2. 运能大

gāo sù tiě lù lǚ kè liè chē zuì xiǎo xíng chē jiàn gé kě yǐ
高速铁路旅客列车最小行车间隔可以
dá dào fēn zhōng měi xiǎo shí kě fā chē liè měi liè chē zǎi
达到3分钟，每小时可发车20列，每列车载
kè rén shù yě bǐ jiào duō zhè shì qí tā xiàn dài jiāo tōng yùn
客人数也比较多。这是其他现代交通运
shū fāng shì dōu bǐ bù shàng de
输方式都比不上的。

ān quán xìng gāo
3. 安全性高

ān quán shì rén men chū xíng xuǎn zé jiāo tōng yùn shū
安全是人们出行选择交通运输
fāng shì zuì guān xīn de gāo sù tiě lù shì dāng jīn zuì ān quán
方式最关心的，高速铁路是当今最安全
de xiàn dài gāo sù jiāo tōng yùn shū fāng shì
的现代高速交通运输方式。

zhǔn què xìng gāo
4. 准确性高

gāo sù tiě lù de ān quán bǎo zhàng xì tǒng bù dàn bǎo
高速铁路的安全保障系统不但保
zhèng le gāo sù liè chē yùn xíng ān quán yě bǎo zhèng le tiě
证了高速列车运行安全，也保证了铁
lù yùn shū xiǎo shí nèi dōu kě yǐ zhèng cháng yùn xíng chú
路运输24小时内都可以正常运行。除

le yán zhòng de zì rán zāi hài yǐ wài jī běn bù shòu tiān qì
了严重的自然灾害以外，基本不受天气
tiáo jiàn de yǐng xiǎng
条件的影响。

néng hào shǎo
5. 能耗少

yī bān jiāo tōng yùn shū de néng yuán xiāo hào dōu fēi cháng
一般交通运输的能源消耗都非常
dà dàn shì gāo sù tiě lù shǐ yòng diàn lì néng yuán xiāo hào
大，但是，高速铁路使用电力，能源消耗
yōu shì dà suí zhe shuǐ diàn hé hé diàn de fā zhǎn zhè gè yōu
优势大，随着水电和核电的发展，这个优
shì hái huì gèng jiā tū chū xiàn zài quán shì jiè de shí yóu néng
势还会更加突出。现在，全世界的石油能
yuán dōu jǐn quē zhè yě shì xuǎn zé fā zhǎn gāo sù tiě lù de
源都紧缺，这也是选择发展高速铁路的
yuán yīn zhī yī
原因之一。

wū rǎn huán jìng chéng dù qīng
6. 污染环境程度轻

huán jìng bǎo hù wèn tí yǐ chéng wéi quán shì jiè de jǐn
环境保护问题已成为全世界的紧
pò wèn tí fā zhǎn jiāo tōng yùn shū yīng gāi zhù yì huán jìng
迫问题，发展交通运输应该注意环境
bǎo hù wèn tí jiāo tōng yùn shū de huán jìng wū rǎn yuán zhǔ
保护问题，交通运输的环境污染源主
yào shì fèi qì hé zào shēng gāo sù diàn qì huà tiě lù de fèi qì
要是废气和噪声。高速电气化铁路的废气
wū rǎn fēi cháng shǎo zào shēng yě bǐ gāo sù gōng lù dī
污染非常少，噪声也比高速公路低5～
10 dB（A）。

shū shì dù gāo
7. 舒适度高

suí zhe shēng huó shuǐ píng de tí gāo shū shì shì rén men
随着生活水平的提高，舒适是人们
chū xíng xuǎn zé jiāo tōng yùn shū fāng shì de zhòng yào tiáo
出行选择交通运输方式的重要条
jiàn zhī yī gāo sù liè chē yùn xíng píng wěn zhèn dòng hé bǎi
件之一。高速列车运行平稳，振动和摆
dòng fú dù hěn xiǎo měi yī wèi lǚ kè de huó dòng kōng jiān bǐ
动幅度很小，每一位旅客的活动空间比
qì chē hé fēi jī dōu dà de duō zuò wèi kuān chǎng shè shī xiān
汽车和飞机都大得多，座位宽敞，设施先
jìn chéng zuò fēi cháng shū shì
进，乘坐非常舒适。

zī liào lái yuán bǎi dù wén kù
（资料来源：百度文库）

gēn jù wén zhāng huí dá wèn tí
根据文章回答问题

yǔ qí tā jiāo tōng fāng shì xiāng bǐ gāo sù tiě lù yǒu
1. 与其他交通方式相比，高速铁路有
nǎ xiē yōu shì
哪些优势？

gāo sù tiě lù lǚ kè liè chē de yùn néng qíng kuàng zěn yàng
2. 高速铁路旅客列车的运能情况怎样？

gāo sù tiě lù zài néng yuán xiāo hào fāng miàn zhǔ yào
3. 高速铁路在能源消耗方面主要
yī kào shén me néng yuán
依靠什么能源？

gāo sù tiě lù zài huán jìng bǎo hù fāng miàn yǒu shén me
4. 高速铁路在环境保护方面有什么
yōu shì
优势？

课文四 拓展阅读 2

wǒ guó gāo tiě jiāng xiàng zhì néng huà mài jìn
我国高铁将向智能化迈进

gāo tiě wǎng luò diàn zǐ shāng wù yí dòng zhī fù gòng
"高铁网络、电子商务、移动支付、共
xiǎng jīng jì děng yǐn lǐng shì jiè cháo liú jīn nián zhèng fǔ
享经济等引领世界潮流。"今年政府
gōng zuò bào gào zhōng zhōng guó gāo tiě zài cì yǐn fā guān
工作报告中，中国高铁再次引发关
zhù zài nián chūn yùn zhōng rén mín qún zhòng yě qiè shí
注。在2018年春运中，人民群众也切实
gǎn shòu dào tiě lù chū xíng de xīn biàn huà
感受到铁路出行的新变化。

quán guó zhèng xié wěi yuán zhōng guó tiě lù zǒng gōng sī
全国政协委员、中国铁路总公司
yuán fù zǒng jīng lǐ lú chūn fáng zài jiē shòu jì zhě cǎi fǎng
原副总经理卢春房在接受记者采访
shí biǎo shì guò qù nián zhōng guó tiě lù zǒng gōng sī bàn lǐ
时表示，过去5年，中国铁路总公司办理
le jiàn zhèng xié wěi yuán tí àn zài tiě lù jiàn shè shàng
了344件政协委员提案。在铁路建设上，
zhèng xié wěi yuán duō cì tí chū yào jiā kuài gāo tiě jiàn shè jiā
政协委员多次提出要加快高铁建设，加
kuài zhōng xī bù dì qū de tiě lù jiàn shè zhōng guó tiě lù zǒng
快中西部地区的铁路建设，中国铁路总
gōng sī jié hé guó jiā de ān pái luò shí zhèng xié wěi yuán de
公司结合国家的安排落实政协委员的
tí àn jiā qiáng le tiě lù jiàn shè jìn chéng
提案，加强了铁路建设进程。

guò qù nián wǒ guó tiě lù de gù dìng zī chǎn tóu zī
过去5年，我国铁路的固定资产投资
wán chéng wàn yì yuán qí zhōng xīn zēng gāo tiě yíng yè lǐ
完成3.9万亿元，其中新增高铁营业里
chéng dá wàn qiān mǐ zhè xiē tóu chǎn xiàng mù zhōng xī
程达1.57万千米。“这些投产项目，中西
bù dì qū zhàn le jué dà duō shù lú chūn fáng hái biǎo shì
部地区占了绝大多数。”卢春房还表示，
zhōng guó tiě lù zǒng gōng sī hái tīng qǔ zhèng xié wěi yuán
中国铁路总公司还听取政协委员
jiàn yì gǎi jìn fú wù tí gāo yùn shū xiào lǜ měi nián dòng chē
建议改进服务、提高运输效率，每年动车
yùn shū de lǚ kè shù liàng yǐ jīng zhàn dào zǒng yùn shū lǚ kè
运输的旅客数量已经占到总运输旅客
shù liàng de yī bàn yǐ shàng
数量的一半以上。

jù liǎo jiě dǎng de shí bā dà yǐ lái wǒ guó tiě lù shì yè
据了解，党的十八大以来，我国铁路事业
shí xiàn le zhòng dà kuà yuè hé jiā kuài fā zhǎn dà jiā de chū
实现了重大跨越和加快发展，大家的出
xíng tǐ yàn gèng jiā měi hǎo rú jīn quán guó tiě lù yíng yè
行体验更加美好。如今，全国铁路营业
lǐ chéng dá dào wàn qiān mǐ qí zhōng gāo tiě yíng yè lǐ
里程达到12.7万千米，其中高铁营业里
chéng dá dào wàn qiān mǐ sì zòng sì héng gāo tiě zhǔ gǔ
程达到2.5万千米，“四纵四横”高铁主骨
jià tí qián jiàn chéng bìng chéng wǎng yùn yíng wǒ guó tiě lù
架提前建成并成网运营。我国铁路
diàn qì huà lǜ fù xiàn lǜ fēn bié dá dào jū shì
电气化率、复线率分别达到68.2%、56.5%，居世
jiè dì yī hé dì èr wèi tiě lù jì shù zhuāng bèi shí xiàn shēng
界第一和第二位。铁路技术装备实现升

jí huàn dài dòng chē zǔ shàng xiàn yùn yíng dá zǔ wǒ
级换代，动车组上线运营达2 980组。我
guó xíng chéng le yī dà pī jù yǒu zì zhǔ zhī shí chǎn quán shì
国形成了一大批具有自主知识产权、世
jiè lǐng xiān de jì shù chuàng xīn chéng guǒ
界领先的技术创新成果。

qù nián jù yǒu shì jiè xiān jìn shuǐ píng de gāo sù dòng chē
去年，具有世界先进水平的高速动车
zǔ fù xīng hào yǐ qiān mǐ xiǎo shí de sù dù zài jīng hù
组“复兴号”以350千米/小时的速度在京沪
gāo tiě shuài xiān tóu rù yùn yíng mù qián tiě lù yǐ kāi xíng bù
高铁率先投入运营。目前铁路已开行不
tóng sù dù de fù xīng hào dòng chē zǔ duì tōng dá gè
同速度的“复兴号”动车组79对，通达23个
shěng huì jí chéng shì
省会级城市。

cóng fù xīng hào shè jì zhì zào dào wèi lái de wéi xiū
“从‘复兴号’设计、制造到未来的维修，
suǒ yǒu de zhī shí chǎn quán dōu shì zhōng guó de lú chūn
所有的知识产权都是中国的。”卢春
fáng biǎo shì fù xīng hào dòng chē zǔ jiāng huì yuè lái yuè
房表示，“复兴号”动车组将会越来越
duō de tóu rù dào bù tóng xiàn lù shàng shǐ yòng
多地投入到不同线路上使用。

wèi lái de tiě lù jiāng cháo nǎ gè fāng xiàng fā zhǎn lú
未来的铁路将朝哪个方向发展？卢
chūn fáng biǎo shì mù qián tiě lù bù mén yǐ jīng shí xiàn le
春房表示，目前铁路部门已经实现了
wǎng shàng shòu piào shuā liǎn jìn zhàn děng fú wù huán jié de
网上售票、刷脸进站等服务环节的
zhì néng huà xià yī bù tiě lù jiāng jī yú yún jì suàn wù lián
智能化。下一步，铁路将基于云计算、物联

wǎng dà shù jù běi dǒu dìng wèi tōng xìn rén gōng zhì néng
网、大数据、北斗定位、5G 通信、人工智能
děng xiān jìn jì shù wǒ guó gāo tiě wèi lái jiāng xiàng zhì néng
等先进技术，我国高铁未来将向智能
huà fāng xiàng fā zhǎn shí xiàn xīn yī dài xìn xī jì shù yǔ gāo
化方向发展，实现新一代信息技术与高
sù tiě lù jì shù de jí chéng róng hé wèi lái de zhōng guó tiě
速铁路技术的集成融合。“未来的中国铁
lù yào dá dào sān gè shì jiè lǐng xiān lù wǎng guī mó hé zhì
路，要达到三个世界领先：路网规模和质
liàng shì jiè lǐng xiān jì shù zhuāng bèi hé chuàng xīn néng lì
量世界领先，技术装备和创新能力
shì jiè lǐng xiān yùn shū ān quán hé jīng yíng guǎn lǐ shuǐ píng
世界领先，运输安全和经营管理水平
shì jiè lǐng xiān
世界领先。”

cǐ wài gāo tiě de ān quán wèn tí bèi shòu guān zhù lú
此外，高铁的安全问题备受关注。卢
chūn fáng biǎo shì zhōng guó tiě lù zǒng gōng sī zài fáng zhǐ rén
春房表示，中国铁路总公司在防止人
wéi pò huài fāng miàn cǎi qǔ le hěn duō cuò shī lì rú shí shī
为破坏方面采取了很多措施，例如实施
xiàn lù qū jiān quán fēng bì zài zhòng diǎn dì qū ān zhuāng diàn
线路区间全封闭，在重点地区安装电
zǐ jiān kòng yī dàn yǒu rén jìn rù xiāng guān qū yù pò huài gāo
子监控，一旦有人进入相关区域破坏高
tiě shè shī biàn kě yǐ jí shí fā xiàn bìng cǎi qǔ cuò shī zhè
铁设施便可以及时发现，并采取措施。“这
xiē cuò shī suí zhe jì shù de jìn bù hái jiāng jì xù jiā
些措施随着技术的进步还将继续加
qiáng tā biǎo shì wèi lái hái jiāng zài gāo tiě zhàn yìng yòng
强。”他表示，未来还将在高铁站应用

zhì néng gǎn zhī de jì shù jiā qiáng duì zhòng diǎn mù biāo de
智 能 感 知 的 技 术，加 强 对 重 点 目 标 的
dīng kòng
盯 控。

zī liào lái yuán zhōng guó gāo xīn jì shù chǎn yè dǎo
（资 料 来 源：中 国 高 新 技 术 产 业 导
bào jì zhě lǐ zhēng fěn
报，2018-03-12；记 者：李 争 粉）

第二单元　线　路

课文一　高速铁路的线路优势及发展

列车与**线路**是相互**依存**、相互**适应**的。列车是**载体**，线路是基础。广义的线路概念包括线路的平纵断面、路基、轨道、桥梁、隧道以及建筑材料等，不包括供电、接触网、通信信号。

高速铁路线路一般是指**运行速度**达到 200 千米/小时的铁路，是由适合高速运行的基础设施、固定设备、移动设备、完善科学的安全**保障**系统和运输组织方法结合起来的**庞大**工程体系，是当代高新技术的综合**集成**。

相对普通铁路，高铁线路的曲线更少，且尽可能是直线。路越直，车就跑得越快。轨道大量采用长距离**无缝线路**，这对列车速度的提高很有帮助，在高铁上几乎听不到传统火车“哐当哐当”的声音。**道岔**都采用高速可动心轨道岔，它的过岔速度比普通道岔高很多。现在的京津铁路路基上都采用无砟轨道，没有以前钢轨下的碎石，钢轨直接铺设在混凝土路基上，这种路基的沉降变形的程度也大大减小。列车必须用高速动车组，构造速度高，轴重小。

中国的高速铁路建设始于 1999 年兴建的秦沈客运专线。经过 10 多年的高速铁路建设，以及铁路的高速化改造，中国目前已经拥有全世界规模最大、运营速度最快的高速铁路网。截至 2010 年 10 月底，中华人民共和国国内运营速度 200 千米/小时以上的高速铁路运营里程已经达到 7 431 千米。

（资料来源：百度文库）

生词

线路	xiànlù	circuit; line
依存	yīcún	dependence
适应	shìyìng	suit
载体	zàitǐ	carrier
运行速度	yùnxíng sùdù	operating speed
保障	bǎozhàng	protect
庞大	pángdà	enormous
集成	jíchéng	integration
无缝线路	wúfèng xiànlù	continuously welded rail track
道岔	dàochà	feeder road

语法点

1. 相　互

第一，（副）互相。如：相互作用，相互促进。

第二，（形）两相对待的。如：相互关系。

2. 相　对

第一，互相朝着对方，面对面。如：相对而坐，两山相对。

第二，性质上相互对立，如：大与小相对，美与丑相对。

第三，依靠一定的条件而存在，随着一定条件而变化。（跟“绝对”相对）。如：在绝对的总的宇宙发展过程中，各个具体过程的发展都是相对的。

第四，（属性词）比较的。如：相对稳定。

课文二　中国的高铁线路

中国高速铁路网分**骨干**网、重要的**区域**网、大城市之间的**城际**高铁等三种类型，骨干网就是指规划的“四纵四横”干线网。“四纵”是指四条纵向铁路**客运**专线，纵贯京津沪和冀鲁皖苏四省，连接环渤海和长江三角洲两大经济区，全长 1 318 千米的北京到上海客运专线；连接华北、华中和华南地区，全长 2 260 千米的北京经武汉、广州到深圳的客运专线；连接东北和关内地区，全长约 1 700 千米的北京经沈阳、大连到哈尔滨的客运专线；连接长江、珠江三角洲和东南沿海地区，全长约 1 600 千米的杭州经宁波、福州到深圳的客运专线。

“四横”是连接西北和华东地区，全长约 1 400 千米的四条横向铁路客运专线：徐州经郑州到兰州的客运专线；连接华中和华东地区，全长约 880 千米的杭州经南昌到长沙的客运专线；连接华北和华东地区，全长约 770 千米的青岛经石家庄到太原的客运专线；连接西南、华中和华东地区，全长约 2 078 千米的上海经南京、合肥、武汉、重庆到成都的客运专线。

按高铁建设**等级**，分为**无砟**轨道的速度 350 千米/小时的高铁，以及速度 250 千米/小时的**有砟**轨道的高铁。中国高铁的特点是大量采用高架桥梁和无砟轨道技术，采用超大半径**曲线**，既消除平交道口和行人干扰，又保证路基的平顺，**防止**路基**沉降**。尤其是大量采用高架桥梁，使得数十千米乃至数百千米的高架桥梁站立在平原上，非常壮观。

中国是大陆性国家，**幅员**辽阔。铁路作为重要的基础设施，**运载**量大、运行成本低、能耗少，不仅在**大宗**、大流量的中长距离的客货运输方面，而且在大流量、高**密度**的城际中短途旅客运输中具有竞争力，是最适合中国的运输方式。

（资料来源：百度文库）

生词

骨干	gǔgàn	mainstay
区域	qūyù	area
城际	chéngjì	intercity
客运	kèyùn	passenger transport
等级	děngjí	grade
无砟	wúzhǎ	ballastless
有砟	yǒuzhǎ	ballast
曲线	qūxiàn	curve
防止	fángzhǐ	forestall
沉降	chénjiàng	sink
幅员	fúyuán	area(of territory)
运载	yùnzài	deliver
大宗	dàzōng	large quantity
密度	mìdù	density

练习

一、根据拼音写词语。

zàitǐ　　yùnxíng sùdù　　wúfèng xiànlù　　dàochà

(　　)　(　　　　)　(　　　　)　(　　)

wúzhǎ guǐdào　　bànjìng　　huǎnhé　　qūxiàn

(　　　　)　(　　)　(　　)　(　　)

chángdù　　suìdào　　jiémiàn　　diànxiàngān

(　　)　(　　)　(　　)　(　　　　)

pōdù　　mìdù

(　　)　(　　)

二、根据课文判断正误。

1. 广义的线路包括线路的平纵断面、路基、轨道、桥梁、隧道，建筑材料以及接触网、通信信号等。(　　)

2. 截至 2010 年 10 月底,中华人民共和国国内运营速度 300 千米/小时以上的高速铁路运营里程已经达到 7 431 千米。(　　)

3. 高铁线路的路基都是钢轨直接铺设在混凝土路基上。(　　)

4. 京广高铁是目前国内标准最高的高速铁路。(　　)

5. 中国高铁在短短的几年间已经发展到 100 000 多千米。(　　)

三、根据课文填空。

1. 列车与线路是相互依存、相互适应的关系。列车是______，线路是____________。

2. 高铁线路一般是指运行速度达______________________的铁路。

3. 高铁线路的轨道大量采用长距离____________，道岔都采用__________________道岔，路基采用__________________，列车方面则必须采用________________________。

4. 中国高铁在短短的几年间已经发展到 10 000 多千米，目前中国所有的高铁线路包括_______________、_______________、_______________。

四、将下列词语组成句子。

1. 运行速度　铁路　高铁线路　一般　指　达到　200 千米/小时的

2. 相互依存　列车　关系　与　线路　是　相互适应　的

3. 运营速度最快　目前　全世界　中国　规模最大　拥有　的　高速铁路网　已经

课文三　拓展阅读 1

shì jiè gāo tiě xì tǒng jiǎn jiè

世界高铁系统简介

gāo tiě zuò wéi yī zhǒng jiāo tōng gōng jù zài rì běn kāi
高铁作为一种交通工具，在日本开
shǐ zài ōu zhōu fā zhǎn zài zhōng guó gé jú dà biàn xià miàn jiù
始，在欧洲发展，在中国格局大变。下面就
duì shì jiè shí dà gāo tiě xì tǒng zuò gè jiǎn yào jiè shào
对世界十大高铁系统做个简要介绍。

zhōng guó hé xié hào
1. 中国和谐号 CRH

jìn shí jǐ nián lái zhōng guó gāo tiě de zǒng lǐ chéng chāo
近十几年来，中国高铁的总里程超
guò qiān mǐ mù qián zhōng guó suǒ zhǎng wò de gāo tiě
过 10 000 千米。目前中国所掌握的高铁
jì shù yǒu chē tǐ shè jì hé kōng qì dòng lì xué gāo sù dào
技术有车体设计和空气动力学、高速道
chà qiān mǐ xiǎo shí bù fen jìn kǒu bǎn shì guǐ dào liè
岔（250 千米/小时，部分进口）、板式轨道、列
kòng xì tǒng bù fen xīn piàn jìn kǒu nì biàn qì biàn liú qì
控系统（部分芯片进口）、逆变器、变流器、
diàn dòng jī bù fen líng jiàn jìn kǒu zhōng guó tiě lù zài gāo
电动机（部分零件进口）。中国铁路在高
sù dòng chē zǔ gāo sù tiě lù jī chǔ shè shī jiàn zào jì shù hé
速动车组、高速铁路基础设施建造技术和
jì yǒu xiàn tí sù jì shù děng fāng miàn dōu dá dào le shì jiè
既有线提速技术等方面都达到了世界

xiān jìn shuǐ píng yóu qí zài dòng chē zǔ jì shù fāng miàn chéng
先进水平。尤其在动车组技术方面，成
gōng dā jiàn le jù yǒu zì zhǔ zhī shí chǎn quán de sù dù
功搭建了具有自主知识产权的速度350
qiān mǐ xiǎo shí dòng chē zǔ jì shù píng tái shí xiàn le guó
千米/小时动车组技术平台，实现了国
chǎn sù dù qiān mǐ xiǎo shí dòng chē zǔ pī liàng huà
产速度350千米/小时动车组批量化
shēng chǎn zài gāo sù tiě lù de gù dìng shè shī xì tǒng jí
生产，在高速铁路的固定设施、系统集
chéng yùn yíng guǎn lǐ huán jìng bǎo hù děng fāng miàn shí xiàn
成、运营管理、环境保护等方面实现
le zhòng dà jì shù chuàng xīn xíng chéng le jù yǒu wǒ guó tè
了重大技术创新，形成了具有我国特
sè de gāo sù tiě lù jì shù biāo zhǔn tǐ xì
色的高速铁路技术标准体系。

rì běn xīn gàn xiàn
2. 日本新干线

rì běn shì gāo tiě dà guó mù qián kāi tōng de xīn gàn xiàn
日本是高铁大国，目前开通的新干线
gòng yǒu tiáo zǒng lǐ chéng qiān mǐ pái míng quán qiú
共有8条，总里程2 673.7千米，排名全球
dì èr nián yuè rì lián jiē dōng jīng yǔ xīn dà bǎn
第二。1964年10月1日，连接东京与新大阪
zhī jiān de dōng hǎi dào xīn gàn xiàn zài dōng jīng ào yùn huì
之间的东海道新干线在东京奥运会
qián kāi tōng yùn yíng shì shì jiè shàng dì yī tiáo shāng yè yùn
前开通运营，是世界上第一条商业运
yíng de gāo sù tiě lù
营的高速铁路。

fǎ guó
3. 法国 TGV

fǎ guó duì gāo sù tiě lù de fā zhǎn gòng xiàn jù dà
法国对高速铁路的发展贡献巨大，1971
nián fǎ guó zhèng fǔ pī zhǔn xiū jiàn dōng nán xiàn bā lí
年法国政府批准修建TGV东南线巴黎
zhì lǐ áng nián kāi tōng hòu kè yùn liàng xùn sù zēng
至里昂，1983年开通后客运量迅速增
zhǎng jīng jì xiào yì liáng hǎo dōng nán xiàn de chéng
长，经济效益良好。TGV东南线的成
gōng yùn yíng zhèng míng gāo sù tiě lù shì yī zhǒng jù yǒu
功运营，证明高速铁路是一种具有
jìng zhēng lì de xiàn dài jiāo tōng gōng jù
竞争力的现代交通工具。

nián yuè rì liè chē dá dào le qiān mǐ
2007年4月3日，V150列车达到了574.8千米/
xiǎo shí de gāo sù lún guǐ shì jiè zuì gāo shí sù
小时的高速轮轨世界最高时速。

dé guó
4. 德国 ICE

hè hè yǒu míng de chéng jì tè kuài liè chē shì yǐ
赫赫有名的ICE（城际特快列车）是以
dé guó wéi zhōng xīn de gāo sù tiě lù xì tǒng jí gāo sù tiě lù
德国为中心的高速铁路系统及高速铁路
zhuān yòng liè chē xì liè dé guó de gāo sù tiě lù jì shù chǔ
专用列车系列。德国的高速铁路技术储
bèi bù dī yú fǎ guó mù qián dé guó gāo sù tiě lù zǒng lǐ
备不低于法国，目前，德国高速铁路总里
chéng dá qiān mǐ
程达1 287.48千米。

xī bān yá zǐ dàn huǒ chē
5. 西班牙AVE子弹火车

xī bān yá yǐ qiān mǐ de gāo sù tiě lù lǐ chéng pái
西班牙以2 056千米的高速铁路里程排
míng ōu zhōu dì yī dàn shì xī bān yá de gāo tiě jì shù yán
名欧洲第一，但是西班牙的高铁技术研
fā bǐ rì běn fǎ guó dé guó děng gāo tiě dà guó ruò xī bān
发比日本、法国、德国等高铁大国弱，西班
yá gāo tiě zhǔ yào cǎi yòng fǎ guó jì shù
牙高铁主要采用法国TGV技术。

yì dà lì gāo sù tiě lù
6. 意大利高速铁路

yì dà lì dì yī tiáo gāo sù tiě lù shì nián xiū jiàn de
意大利第一条高速铁路是1992年修建的
luó mǎ zhì fó luó lún sà xiàn xiàn zài yì dà lì gāo sù tiě lù lǐ
罗马至佛罗伦萨线。现在，意大利高速铁路里
chéng gòng jì qiān mǐ
程共计1 525千米。

hán guó gāo tiě
7. 韩国KTX高铁

hán guó de gāo tiě shǐ jiàn yú nián cǎi
韩国的KTX高铁始建于1994年。KTX采
yòng fǎ guó xíng tuī lā shì gāo sù dòng chē zǔ mù qián
用法国TGV-A型推拉式高速动车组。目前
hán guó gāo tiě lǐ chéng wéi qiān mǐ
韩国高铁里程为661千米。

yīng guó ōu zhōu zhī xīng gāo sù huǒ chē
8. 英国"欧洲之星"高速火车

yán gé lái shuō yīng guó méi yǒu zì jǐ de gāo tiě jǐn yǒu
严格来说，英国没有自己的高铁，仅有

yī duàn ōu zhōu zhī xīng fǎ guó běi bù gāo tiě de yán
一段"欧洲之星"——法国北部高铁的延
cháng xiàn lǐ chéng bù zú qiān mǐ
长线，里程不足 100 千米。

tǔ ěr qí gāo tiě
9. 土耳其高铁

tǔ ěr qí nián qǐ kāi shǐ jiàn shè gāo tiě ān kǎ lā zhì
土耳其 2003 年起开始建设高铁，安卡拉至
yī sī tǎn bù ěr ān kǎ lā zhì āi sī jī xiè xī ěr duàn
伊斯坦布尔（安卡拉至埃斯基谢希尔段）2009
nián yuè rì tōng chē dì èr qī āi sī jī xiè xī ěr zhì yī
年 3月 13 日通车，第二期埃斯基谢希尔至伊
sī tǎn bù ěr zài jiàn zhōng
斯坦布尔在建中。

é luó sī gāo tiě
10. 俄罗斯高铁

é luó sī kāi tōng le cóng mò sī kē dào shèng bǐ dé bǎo
俄罗斯开通了从莫斯科到圣彼得堡
de gāo sù tiě lù quán chéng qiān mǐ yǐn jìn xī mén zǐ
的高速铁路，全程 650 千米，引进西门子 ICE
de chē liàng yùn xíng dàn yùn xíng shí sù dá bù dào gāo tiě de
的车辆运行，但运行时速达不到高铁的
biāo zhǔn zhī yǒu qiān mǐ xiǎo shí zuǒ yòu
标准——只有 160 千米 / 小时左右。
zī liào lái yuán gè rén tú shū guǎn
（资料来源：360 doc 个人图书馆）

gēn jù wén zhāng huí dá wèn tí
根据文章回答问题

zhōng guó hé xié hào zhǐ de shì shén me
1. 中国和谐号指的是什么？

shì jiè shàng zhǔ yào yǒu nǎ xiē gāo tiě xì tǒng
2. 世界上主要有哪些高铁系统？

nǐ de guó jiā zài jiàn shè gāo tiě ma
3. 你的国家在建设高铁吗？

课文四　拓展阅读 2

zhōng guó tiě lù
中国铁路

nián yuè rì zhōng guó de dì yī tiáo sù dù
1994 年 12 月 22 日，中国的第一条速度 160
qiān mǐ xiǎo shí de zhǔn gāo sù tiě lù guǎng shēn zhǔn gāo sù
千米/小时的准高速铁路广深准高速
tiě lù zhèng shì jiàn chéng tōng chē sù dù qiān mǐ xiǎo
铁路正式建成通车。速度 160 千米/小
shí shì zhǔn gāo sù de qǐ diǎn shì tōng wǎng qiān mǐ jí qí
时是准高速的起点，是通往 200 千米及其
yǐ shàng gāo sù de qiáo liáng shì chuán tǒng jì shù de yán
以上高速的桥梁，是传统技术的延
shēn yǔ xīn jì shù fā zhǎn de jiē xù diǎn shí xiàn qiān mǐ
伸与新技术发展的接续点。实现 160 千米/
xiǎo shí de xíng chē sù dù fú hé wǒ guó xiàn yǒu jī chē chē
小时的行车速度，符合我国现有机车车
liàng xiàn lù tōng xìn xìn hào děng shè bèi de shí jì qíng
辆、线路、通信信号等设备的实际情
kuàng guǎng shēn zhǔn gāo sù tiě lù cóng nián jiàn chéng
况，广深准高速铁路从 1994 年建成
tōng chē zhì nián jiān de yùn yíng yě chōng fèn shuō míng
通车至 1997 年间的运营也充分说明

le zhè yī diǎn bìng wèi wǒ guó tiě lù xiàng gāo sù fā zhǎn jí
了这一点，并为我国铁路向高速发展及
jì yǒu xiàn tí sù tí gòng le bǎo guì de jīng yàn
既有线提速提供了宝贵的经验。

zhōng guó tiě lù zì nián zhì nián jiān jìn xíng le
中国铁路自 1997 年至 2004 年间进行了
wǔ cì dà miàn jī tí sù jī běn xíng chéng le jīng hù jīng hā
五次大面积提速，基本形成了京沪、京哈、
jīng guǎng jīng jiǔ tiě lù zǔ chéng de sì zòng yǐ jí lǒng hǎi
京广、京九铁路组成的“四纵”以及陇海
jiā lán xīn hù háng jiā zhè gàn tiě lù zǔ chéng de liǎng héng
加兰新、沪杭加浙赣铁路组成的“两横”
de kuài sù tiě lù wǎng luò kuài sù xiàn lù dá wàn qiān mǐ
的快速铁路网络，快速线路达 1.6 万千米。
jīng guò wǔ cì dà tí sù quán lù lǚ kè liè chē píng jūn lǚ xíng
经过五次大提速，全路旅客列车平均旅行
sù dù dá qiān mǐ xiǎo shí zhí dá tè kuài liè chē lǚ xíng sù
速度达 67.5 千米/小时，直达特快列车旅行速
dù dá qiān mǐ xiǎo shí tè kuài liè chē lǚ xíng sù dù dá
度达 129.2 千米/小时，特快列车旅行速度达
qiān mǐ xiǎo shí quán lù sù dù qiān mǐ xiǎo shí yǐ
92.8 千米/小时，全路速度 120 千米/小时以
shàng de xiàn lù lǐ chéng dá qiān mǐ qí zhōng sù dù
上的线路里程达 16 500 千米，其中速度
qiān mǐ xiǎo shí jí yǐ shàng tí sù xiàn lù qiān
160 千米/小时及以上提速线路 7 700 千
mǐ sù dù qiān mǐ xiǎo shí de xiàn lù lǐ chéng dá
米，速度 200 千米/小时的线路里程达 1 960
qiān mǐ nián yuè rì líng shí qǐ wǒ guó tiě lù zhèng
千米。2007 年 4 月 18 日零时起，我国铁路正
shì shí shī dì liù cì dà miàn jī tí sù hé xīn de liè chē yùn
式实施第六次大面积提速和新的列车运
xíng tú zuì gāo sù dù dá dào qiān mǐ xiǎo shí zhè yǐ shì
行图，最高速度达到 250 千米/小时，这已是

jì yǒu xiàn shàng de zuì gāo sù dù dì liù cì tí sù gòng shè
既有线上的最高速度。第六次提速共涉
jí jīng hā jīng hù jīng guǎng lǒng hǎi lán xīn děng tiáo xiàn
及京哈、京沪、京广、陇海、兰新等18条线
lù lǚ kè liè chē zuì gāo yùn xíng sù dù dá dào qiān mǐ
路，旅客列车最高运行速度达到120千米/
xiǎo shí jí yǐ shàng de xiàn lù yán zhǎn lǐ chéng dá dào
小时，及以上的线路延展里程达到2.2
wàn qiān mǐ zēng jiā le qiān mǐ
万千米，增加了6 000千米。

liù cì dà miàn jī tí sù bù jǐn shí xiàn le zhōng guó tiě lù
六次大面积提速，不仅实现了中国铁路
bǎi nián fā zhǎn lì shǐ shàng de sù dù qiān mǐ xiǎo shí
百年发展历史上的速度200千米/小时
de dòng chē zǔ sù dù qiān mǐ xiǎo shí dūn huò wù
的动车组，速度120千米/小时、5 000吨货物
zhòng zài liè chē líng de tū pò ér qiě chuàng zào le shì jiè tiě
重载列车零的突破，而且创造了世界铁
lù jì yǒu xiàn zhěng tǐ xìng xì tǒng xìng tí sù gǎi zào kè huò
路既有线整体性、系统性提速改造客货
gòng xiàn de yùn xíng xīn mó shì jí dà de tuī dòng le wǒ guó
共线的运行新模式，极大地推动了我国
tiě lù yùn shū shēng chǎn lì de fā zhǎn shí nián dà tí sù de
铁路运输生产力的发展。十年大提速的
shí jiàn chéng guǒ yǐ jīng yàn zhèng le yī gè shì shí zhōng
实践成果，已经验证了一个事实：中
guó tiě lù jì yǒu xiàn tí sù yǐ jīng dá dào shì jiè xiān jìn shuǐ
国铁路既有线提速已经达到世界先进水
píng tiě lù yùn shū néng lì dé dào le jiào kuài kuò chōng jì
平，铁路运输能力得到了较快扩充，技
shù zhuāng bèi shuǐ píng dé dào le kuài sù tí gāo duì guó mín
术装备水平得到了快速提高，对国民
jīng jì de píng jǐng zhì yuē dé dào le míng xiǎn huǎn jiě
经济的“瓶颈”制约得到了明显缓解。

gāo sù tiě lù shì yǐ kè yùn wéi zhǔ de kuài sù tiě lù sù
高速铁路是以客运为主的快速铁路，速
dù qiān mǐ xiǎo shí zhì qiān mǐ xiǎo shí de tiě lù
度 200 千米 / 小时至 350 千米 / 小时的铁路
tǒng chēng wéi kè yùn zhuān xiàn qū xiàn bàn jìng yī bān zài
统称为客运专线，曲线半径一般在
mǐ yǐ shàng kè yùn zhuān xiàn yùn liàng dà xiào néng
2 200 米以上。客运专线运量大，效能
gāo shè huì jīng jì xiào yì xiǎn zhù kè yùn zhuān xiàn liè chē
高，社会经济效益显著。客运专线列车
zuì xiǎo xíng chē jiàn gé kě dá fēn zhōng liè chē mì dù kě dá
最小行车间隔可达 3 分钟，列车密度可达
liè xiǎo shí liè chē dìng yuán kě dá rén
20 列 / 小时，列车定员可达 1 600 ~ 1 800 人 /
liè lǐ lùn shàng měi xiǎo shí zuì dà yùn shū néng lì kě dá
列，理论上每小时最大运输能力可达
rén néng gòu shí xiàn dà liàng kuài sù
2×32 000 ~ 2×36 000 人，能够实现大量、快速
hé gāo mì dù yùn shū kè zhuān cǎi yòng le xiān jìn de liè
和高密度运输。“客专”采用了先进的列
chē yùn xíng kòng zhì xì tǒng néng gòu bǎo zhèng qián hòu
车运行控制系统，能够保证前后
liǎng liè chē bì yào de ān quán jù lí yǒu xiào fáng zhǐ liè chē
两列车必要的安全距离，有效防止列车
zhuī wěi jí zhèng miàn chōng zhuàng de shì gù xìn xī huà
追尾及正面冲撞的事故。信息化
chéng dù hěn gāo de xíng chē shè shī zhěn duàn jiān cè yù
程度很高的行车设施诊断、监测、预
jǐng shè bèi hé kē xué de yǎng hù wéi xiū gòu chéng le kè yùn
警设备和科学的养护维修，构成了客运
zhuān xiàn xiàn dài huà de wán shàn de ān quán bǎo zhàng xì
专线现代化的、完善的安全保障系
tǒng gēn jù zhōng cháng qī tiě lù wǎng guī huà dào
统。根据《中长期铁路网规划》到 2020

nián zhǔ yào de fán máng gàn xiàn shí xiàn gāo sù kè yùn hé
年，主要的繁忙干线实现高速客运和
huò yùn fēn xiàn fù xiàn lǜ hé diàn qì huà lǜ jūn dá dào bǎi
货运分线，复线率和电气化率均达到百
fēn zhī wǔ shí zài jiàn shè gāo jì shù biāo zhǔn de sì zòng
分之五十。在建设高技术标准的“四纵
sì héng kè yùn zhuān xiàn jī chǔ shàng gāo sù kè chē sù dù
四横”客运专线基础上，高速客车速度
mù biāo zhí jiāng dá dào qiān mǐ xiǎo shí jí yǐ shàng
目标值将达到300千米/小时及以上。

第三单元　桥　梁

课文一　世界桥梁工程的发展

桥梁的历史从人类**诞生**时开始，与人类的发展是同步的。远古**原始**人经过小河流时，就会用树干搭在两岸，方便过河，这就是桥梁的**由来**。

18 世纪以后，欧洲进入**工业**社会，大规模的铁路桥梁建设开展起来，以英国不列颠尼亚箱梁桥（跨度 141 米，1850 年）、美国布鲁克林悬索桥（跨度 486 米，1883 年）、英国福斯悬臂**桁架**桥（跨度 520 米，1890 年）为标志的桥梁建筑至今仍在使用。

20 世纪初，西方工业空前发展，20 世纪 30 年代出现了大跨**悬索桥**建设高峰，其中，美国纽约华盛顿桥（跨度 1 067 米，1931 年）、旧金山金门大桥（跨度 1 280 米，1937 年）显示出桥梁领域的实力。

20 世纪 50 年代起，德国经济开始**复苏**，桥梁工程大大发展，**斜拉桥**结构开始出现，很快传到世界桥梁工程界。20 世纪 60 年代，日本、丹麦开始兴建**跨海工程**。

20 世纪 80 年代，中国桥梁纷纷建成，近十年来，一大批斜拉桥、悬索桥的出现显示了世界桥梁的最高发展水平。

当今世界桥梁工程呈现出日、美、英、中、德、法等国家共同发展的新局面。

（资料来源：百度文库）

生词

桥梁	qiáoliáng	bridge
诞生	dànshēng	birth
原始	yuánshǐ	undeveloped
由来	yóulái	origin
工业	gōngyè	industry
桁架	héngjià	truss
悬索桥	xuánsuǒqiáo	suspension bridge
复苏	fùsū	recovery
斜拉桥	xiélāqiáo	cable-stayed bridge
跨海工程	kuàhǎi gōngchéng	cross sea engineering

语法点

1. 就　是

第一，表示肯定、强调。

例：就是他告诉我的。

　　我一定办到，你放心就是了。

第二，单用，表示同意。

例：就是，您的话很对。

第三，连词。表示假设的让步，下半句常用“也”呼应。

例：就是在日常生活中，也需要有一定的科学知识。

2. 开　展

第一，使从小向大发展；使展开。

例：开展科学技术交流活动

第二，从小向大发展。

例：推广普通话活动已经在全国开展起来。

课文二　21 世纪世界桥梁跨度有多长？

18 世纪 80 年代以来，随着交通运输的需要，桥梁建设发展了起来，英国熟铁链杆桥曼内海峡桥**主跨**已经达到 177 米长。1931 年，美国建成乔治·华盛顿桥，主跨突破 1 000 米大关，达到 1 067 米。从百米到千米**桥跨**的发展，历时一个半世纪。20 世纪的后 70 年里，美国主跨 1 280 米的金门大桥、主跨 1 289 米的维拉扎纳大桥，两次刷新了当时的世界桥跨记录。20 世纪八九十年代，英国的恒比尔河大桥、日本的明石海峡大桥刷新世界桥跨纪录，桥跨开始接近 2 000 米大关。

21 世纪桥梁跨度究竟能达到多长？随着高强度钢、玻璃钢、铝合金、碳纤维等太空轻质**材料**的使用，桥梁建筑的主要材料将不断更新。计算机技术的发展为桥梁结构的**优化**设计创造了条件，使不同材料的性能发挥到最佳。结构动力学理论的发展与完善，使得采用非常轻质的**梁型**时，不会出现塔可马悬索桥那样有被风吹垮的危险。

有关专家预测，筹建中的西班牙与摩洛哥之间的直布罗陀海峡大桥、美俄之间的白令海峡大桥的桥梁跨度将会成为 21 世纪桥梁跨度新的世界第一。这些主跨接近 4 000 米的特大型桥梁建成之后，除了大洋洲在海洋之中，亚、非、欧、美四大洲将连成一体。

（资料来源：百度文库）

生词

主跨	zhǔkuà	main span
桥跨	qiáokuà	bridge span
材料	cáiliào	material
优化	yōuhuà	optimize
梁型	liángxíng	beam type

一、根据拼音写词语。

qiáoliáng	gōngyè shèhuì	qìjīnwéizhǐ
（　　　）	（　　　　）	（　　　　）
xuánsuǒqiáo	lǒngduàn	xiélāqiáo
（　　　　）	（　　　）	（　　　）
kuàhǎi gōngchéng	qīngzhì cáiliào	yōuhuà shèjì
（　　　　　）	（　　　　）	（　　　　）

二、根据课文判断正误。

1. 西方工业社会在 20 世纪 40 年代掀起了第一个大跨悬索桥建设高峰。（　　）

2. 轻质材料的发展与完善使设计者采用非常轻质的梁型时，不致出现被风吹塌的危险。（　　）

3. 桥跨从百米到千米桥跨的发展历经了整整两个世纪。（　　）

4. 21 世纪那些主跨接近 4 000 米的桥梁将创下新的世界桥梁跨度之最。(　　)

5. 第二次世界大战后，德国凭借其先进的技术率先开辟了兴建跨海工程的先河。(　　)

三、根据课文填空。

1. 美国在 30 年代掀起了第一个＿＿＿＿＿＿建设高峰，以美国纽约＿＿＿＿＿＿(1 067 米，1931 年)、旧金山＿＿＿＿＿＿(跨度 1 280 米，1937 年)为代表显示出其桥梁领域的＿＿＿＿＿＿。

2. 近十年来，中国建成的代表当今世界桥梁最高发展水平的一大批＿＿＿＿＿＿、＿＿＿＿＿＿确定了中国的世界地位。

3. 20 世纪的后 70 年里，美国的主跨＿＿＿＿＿＿＿＿＿的＿＿＿＿＿＿、主跨＿＿＿＿＿＿的＿＿＿＿＿＿，两次刷新了当时的世界桥跨记录，到 20 世纪八九十年代英国的＿＿＿＿＿＿、日本的＿＿＿＿＿＿先后再次刷新世界桥跨记录，桥跨才开始接近＿＿＿＿＿＿大关。

4. 据有关桥梁专家预测，筹建中的西班牙与摩洛哥之间的＿＿＿＿＿＿、美俄之间的＿＿＿＿＿＿的桥梁跨度将成为 21 世纪新的世界桥梁跨度之最。这些主跨接近＿＿＿＿＿＿达到登峰造极水平的特大型桥梁建成之后，除＿＿＿＿＿＿孤悬于大洋之中外，＿＿＿＿＿＿四大洲将连为一体。

四、语法练习。

1. 我问了他好多次，他(　　　)不告诉我原因。(就是/还是)

2. 你(　　　)张老师吗？(还是/就是)

3. 图书馆的免费借阅活动已经在我们的城市（　　　　）起来了。（开放/开展）

4. 博物馆的中国画（　　　　）了。（开展/开）

五、将下列词语组成句子。

1. 在　改革开放　中国　迎来了　80 年代初　新时期　的

2. 开始　第二次世界大战后　德国经济　发展　极大地　的　复苏推动了　德国桥梁工程

3. 世界　达到　桥梁跨度　21 世纪　能　究竟　多长

4. 发展　计算机　创造了　技术　的　则为　桥梁结构　条件　的　优化设计

六、将适当的词语连接在一起。

率先	材料	更新	条件
刷新	进入	推动	实力
更新	先河	显示	材料
开辟	纪录	创造	发展

课文三　拓展阅读 1

qiáo liáng de yì yì
桥梁的意义

qiáo shì yī zhǒng jià kōng de rén zào tōng dào yóu shàng bù
桥是一种架空的人造通道。由上部
jié gòu hé xià bù jié gòu liǎng bù fen zǔ chéng shàng bù jié gòu
结构和下部结构两部分组成。上部结构
bāo kuò qiáo shēn hé qiáo miàn xià bù jié gòu bāo kuò qiáo dūn
包括桥身和桥面；下部结构包括桥墩、
qiáo tái hé jī chǔ shuō wén jiě zì duàn yù cái de zhù shì
桥台和基础。《说文解字》段玉裁的注释
wéi liáng zhī zì yòng mù kuà shuǐ jīn zhī qiáo yě qiáo de zuì
为："梁之字，用木跨水，今之桥也。"桥的最
zǎo hán yì shì zhǐ zài shuǐ miàn shàng jià mù tóu de tōng dào
早含意是指在水面上架木头的通道，
zhǐ kuà shuǐ de dào lù yǐ hòu cái yǒu jià zài xuán yá shàng de
指跨水的道路，以后才有架在悬崖上的
zhàn dào hé jià zài lóu gé zhī jiān de fēi gé děng tiān
"栈道"和架在楼阁之间的"飞阁"等天
qiáo xíng shì
桥形式。

dào xiàn zài qiáo liáng àn zhào gòu zào hé shòu lì tǐ xì
到现在，桥梁按照构造和受力体系
fēn lèi dà zhì kě fēn wéi bā zhǒng gāng jià qiáo gǒng qiáo xì
分类，大致可分为八种：刚架桥、拱桥、系
gǎn gǒng qiáo jiǎn zhī liáng qiáo lián xù liáng qiáo gòu qiáo
杆拱桥、简支梁桥、连续梁桥、T构桥、
xié lā qiáo xuán suǒ qiáo tā men xíng tài duō yàng bù guǎn fēng
斜拉桥、悬索桥。它们形态多样，不管风

chuī yǔ lín zǒng shì mò mò de bāng zhù xíng rén chē mǎ kuà
吹雨淋，总是默默地帮助行人、车马跨
jiāng guò hé jiàn qiáo zuì zhǔ yào de mù dì jiù shì wèi le jiě
江过河。建桥最主要的目的，就是为了解
jué kuà shuǐ de jiāo tōng fāng biàn yùn shū gōng jù huò xíng rén
决跨水的交通，方便运输工具或行人
zài qiáo shàng tōng xíng
在桥上通行。

jù jīn yuē sān qiān nián qián de zhōu wén wáng shí qī
距今约三千年前的周文王时期，
zhōng guó jiù yǐ jīng zài kuān kuò de wèi hé shàng jià shè guò
中国就已经在宽阔的渭河上架设过
dà xíng fú qiáo yǐ hòu chū xiàn le yī dà pī yǐ shí liào tiě wéi
大型浮桥。以后出现了一大批以石料、铁为
jiàn cái de qiáo liáng jiàn zhù zhào zhōu qiáo kuà dù mǐ
建材的桥梁建筑，赵州桥（跨度37.02米，
nián dà dù hé tiě suǒ qiáo kuà dù yuē mǐ nián
605年）、大渡河铁索桥（跨度约100米，1803年）
děng dōu shì dài biǎo jiàn zhù suí zhe xīn jì shù de yìng yòng
等都是代表建筑。随着新技术的应用
yǔ xīn cái liào de chū xiàn shì jì de qiáo liáng jiāng xiàng
与新材料的出现，21世纪的桥梁将向
kuà jìng bù duàn zēng dà qiáo xíng bù duàn fēng fù jié gòu bù
跨径不断增大、桥型不断丰富、结构不
duàn qīng xíng huà de dào lù kuài sù fā zhǎn
断轻型化的道路快速发展。

zī liào lái yuán bǎi dù wén kù
（资料来源：百度文库）

gēn jù wén zhāng huí dá wèn tí
根据文章回答问题

qiáo yóu nǎ xiē bù fen zǔ chéng
1. 桥由哪些部分组成？

qiáo yǒu nǎ xiē zhǒng lèi
2. 桥有哪些种类？

zhōng guó zuì zǎo de fú qiáo shì hé shí jià shè de
3. 中国最早的浮桥是何时架设的？

shì jì de qiáo liáng huì rú hé fā zhǎn
4. 21世纪的桥梁会如何发展？

课文四　拓展阅读 2

qiáo liáng jié gòu de zǔ chéng
桥梁结构的组成

wèi le mǎn zú gè zhǒng chē liàng xíng rén de shùn lì tōng xíng huò gè zhǒng guǎn xiàn gōng chéng de bù shè jiàn zào de kuà yuè hé liú shān gǔ huò qí tā jiāo tōng xiàn lù děng zhàng ài de gōng chéng jiàn zhù wù yī bān tǒng chēng wéi qiáo liáng qiáo liáng shì jiāo tōng gōng chéng zhōng de zhòng yào zǔ chéng bù fen suí zhe jīng jì de fā zhǎn kē jì de jìn bù hé shè huì shēng chǎn lì de bù duàn tí gāo rén men duì qiáo liáng jiàn zhù tí chū le yuè lái yuè gāo de yāo qiú

为了满足各种车辆、行人的顺利通行或各种管线工程的布设，建造的跨越河流、山谷或其他交通线路等障碍的工程建筑物，一般统称为桥梁。桥梁是交通工程中的重要组成部分，随着经济的发展、科技的进步和社会生产力的不断提高，人们对桥梁建筑提出了越来越高的要求。

qiáo liáng yī bān yóu shàng bù jié gòu yě chēng qiáo kuà jié gòu xià bù jié gòu zhī zuò hé fù shǔ shè shī sì gè jī běn bù

桥梁一般由上部结构（也称桥跨结构）、下部结构、支座和附属设施四个基本部

fen zǔ chéng
分组成。

qiáo liáng shàng bù jié gòu shì chéng dān xiàn lù hè zài kuà
桥梁上部结构是承担线路荷载，跨
yuè zhàng ài de zhǔ yào chéng zhòng jié gòu tā de zuò yòng shì
越障碍的主要承重结构。它的作用是
chéng dān shàng bù jié gòu suǒ shòu de quán bù hè zài bìng
承担上部结构所受的全部荷载并
chuán gěi zhī zuò lì rú liáng shì qiáo zhōng de zhǔ liáng gǒng
传给支座。例如梁式桥中的主梁，拱
qiáo zhōng de gǒng lèi gǒng quān héng jià liáng qiáo zhōng de
桥中的拱肋（拱圈）、桁架梁桥中的
zhǔ héng děng tā shì qiáo liáng chéng zài hé kuà yuè de zhòng
主桁等。它是桥梁承载和跨越的重
yào bù fen
要部分。

qiáo liáng xià bù jié gòu shì qiáo dūn qiáo tái jí qiáo liáng
桥梁下部结构是桥墩、桥台及桥梁
jī chǔ de zǒng chēng shì zhī chéng qiáo kuà jié gòu bìng jiāng
基础的总称，是支承桥跨结构并将
hè zài chuán zhì dì jī de jiàn zhù wù qiáo dūn hé qiáo tái yī
荷载传至地基的建筑物。桥墩和桥台一
bān hé chēng dūn tái
般合称墩台。

qiáo dūn qiáo dūn wèi yú duō kǒng qiáo kuà de zhōng jiān
桥墩。桥墩位于多孔桥跨的中间
bù wèi zhī chéng xiāng lín liǎng kuà shàng bù jié gòu de jiàn
部位，支承相邻两跨上部结构的建
zhù wù qí gōng néng shì jiāng shàng bù jié gòu hè zài chuán
筑物，其功能是将上部结构荷载传
zhì jī chǔ
至基础。

qiáo tái qiáo tái wèi yú qiáo liáng de liǎng duān zhī chéng
桥台。桥台位于桥梁的两端，支承

qiáo liáng shàng bù jié gòu bìng shǐ zhī yǔ lù dī xián jiē de jiàn
桥梁上部结构，并使之与路堤衔接的建

zhù wù qí gōng néng shì chuán dì shàng bù jié gòu hè zài yú
筑物，其功能是传递上部结构荷载于

jī chǔ bìng dǐ kàng lái zì lù dī de tǔ yā lì wèi le wéi chí
基础，并抵抗来自路堤的土压力。为了维持

lù dī de biān pō wěn dìng bìng jiāng shuǐ liú dǎo rù qiáo kǒng
路堤的边坡稳定并将水流导入桥孔，

chú dài bā zì xíng yì qiáng de qiáo tái wài zài qiáo tái zuǒ yòu
除带八字形翼墙的桥台外，在桥台左右

liǎng cè zhù yǒu bǎo chí lù jiān wěn dìng de zhuī xíng hù pō qí
两侧筑有保持路肩稳定的锥形护坡，其

zhuī tǐ tián tǔ pō miàn yǐ piàn shí qì zhù
锥体填土，坡面以片石砌筑。

qiáo liáng jī chǔ qiáo liáng jī chǔ shì qiáo liáng zuì xià bù
桥梁基础。桥梁基础是桥梁最下部

de jié gòu shàng chéng dūn tái bìng jiāng quán bù qiáo liáng hè
的结构，上承墩台，并将全部桥梁荷

zài chuán zhì dì jī jī dǐ yīng shè zhì zài yǒu zú gòu chéng
载传至地基。基底应设置在有足够承

zài lì de chí lì céng chù bìng yāo qiú yǒu yī dìng de mái zhì
载力的持力层处，并要求有一定的埋置

shēn dù jī chǔ gōng chéng zài zhěng gè qiáo liáng gōng chéng
深度。基础工程在整个桥梁工程

shī gōng zhōng shì bǐ jiào kùn nán de bù fen ér qiě cháng
施工中是比较困难的部分，而且常

cháng xū yào zài shuǐ zhōng shī gōng yīn ér yù dào de wèn tí
常需要在水中施工，因而遇到的问题

yě hěn fù zá
也很复杂。

zhī zuò zhī zuò shè yú qiáo dūn tái dǐng bù zhī chéng shàng
支座。支座设于桥（墩）台顶部，支承上

bù jié gòu bìng jiāng hè zài chuán gěi xià bù jié gòu de zhuāng
部结构并将荷载传给下部结构的装

zhì tā néng bǎo zhèng shàng bù jié gòu zài hè zài wēn dù biàn
置。它能保证上部结构在荷载、温度变
huà huò qí tā yīn sù zuò yòng xià de wèi yí gōng néng
化或其他因素作用下的位移功能。

fù shǔ shè shī fù shǔ shè shī bāo kuò qiáo miàn xì qiáo
附属设施。附属设施包括桥面系、桥
tóu dā bǎn hù pō dǎo liú dī děng qiáo miàn xì yī bān yóu qiáo
头搭板、护坡、导流堤等。桥面系一般由桥
miàn pū zhuāng lán gǎn fáng zhuàng qiáng rén xíng dào shēn
面铺装、栏杆（防撞墙）、人行道、伸
suō fèng zhào míng xì tǒng děng zǔ chéng qiáo miàn pū zhuāng
缩缝、照明系统等组成。桥面铺装
yòng yǐ fáng zhǐ chē lún zhí jiē mó hào qiáo miàn bǎn pái shuǐ
用以防止车轮直接磨耗桥面板、排水
hé fēn bù lún zhòng shēn suō fèng wèi yú qiáo liáng dūn dǐng
和分布轮重。伸缩缝位于桥梁墩顶
shàng bù jié gòu zhī jiān huò qí tā qiáo xíng shàng bù jié gòu
上部结构之间或其他桥型上部结构
yǔ qiáo tái duān qiáng zhī jiān yǐ bǎo zhèng jié gòu zài gè zhǒng
与桥台端墙之间，以保证结构在各种
yīn sù zuò yòng xià de zì yóu biàn wèi wèi shǐ qiáo miàn shàng
因素作用下的自由变位，为使桥面上
xíng chē shùn shì bù diān bǒ
行车顺适、不颠簸。

qiáo liáng jié gòu de míng cí shù yǔ
桥梁结构的名词术语：

qiáo liáng quán cháng jiǎn chēng qiáo cháng duì yú yǒu qiáo
桥梁全长：简称桥长，对于有桥
tái de qiáo liáng shì zhǐ liǎng àn qiáo tái cè qiáng huò bā zì
台的桥梁，是指两岸桥台侧墙或八字
qiáng wěi duān zhī jiān de jù lí duì yú wú qiáo tái de qiáo
墙尾端之间的距离（对于无桥台的桥
liáng shì zhǐ qiáo miàn xì de xíng chē dào cháng dù
梁，是指桥面系的行车道长度）。

jìng kuà jìng duì yú liáng shì qiáo shì zhǐ shè jì hóng shuǐ
净跨径：对于梁式桥，是指设计洪水
wèi shàng xiāng lín liǎng qiáo dūn huò qiáo tái jiān de shuǐ píng
位上相邻两桥墩（或桥台）间的水平
jìng jù duì yú gǒng shì qiáo shì zhǐ měi kǒng gǒng kuà liǎng
净距。对于拱式桥，是指每孔拱跨两
gǒng jiǎo jié miàn zuì dī diǎn zhī jiān de shuǐ píng jù lí yòng
拱脚截面最低点之间的水平距离。用
biǎo shì
l_0 表示。

jì suàn kuà jìng duì yú shè zhī zuò de qiáo liáng shì zhǐ
计算跨径：对于设支座的桥梁，是指
xiāng lín liǎng zhī zuò zhōng xīn zhī jiān de shuǐ píng jù lí duì
相邻两支座中心之间的水平距离。对
yú bù shè zhī zuò de qiáo liáng shì zhǐ shàng xià bù jié gòu de
于不设支座的桥梁，是指上下部结构的
xiāng jiāo miàn zhī zhōng xīn jiān de shuǐ píng jù lí yòng biǎo
相交面之中心间的水平距离，用 l 表
shì qiáo liáng jié gòu de fēn xī jì suàn yǐ jì suàn kuà jìng
示。桥梁结构的分析计算以计算跨径
wéi zhǔn
为准。

zī liào lái yuán bǎi dù wén kù
（资料来源：百度文库）

第四单元　隧　道

课文一　隧道工程的基本概念和种类

隧道是一种建在地下的工程，两头有出入口，可以使车辆、行人、水流和管道、线路等通过。隧道工程是**应用科学**的工程技术，主要研究隧道的**规划**、**勘测**、设计、**施工**和养护，是土木工程的一个分支；也指各种地下建筑物，包括交通运输方面的铁路、道路、运河隧道和地下铁道、水底隧道等；还指工业和民用方面的**市政**、**防空**、**采矿**、储存、生产等方面的地下工程、军用方面的国防坑道、水利上的地下发电厂房、其他水工隧洞等。

修建隧道时，一般先在**地层**里挖出有一定形状的“**坑道**”，如圆形、矩形等，因为地层被挖开后，容易变形、**塌落**或者有水进入，所以要在坑道的周边修建**支撑**维护结构，这样可以保证使用安全。

隧道的种类很多，从隧道所在的**地质**条件来分，可以分为土质隧道和石质隧道；从隧道深度来分，可以分为深埋隧道和浅埋隧道；从隧道所在的位置来分，可以分为水底隧道、**山岭**隧道和城市隧道。另外，按照隧道的用途，可以分为交通隧道、水工隧道、市政隧道、矿山隧道。交通隧道是隧道中最多的，它的作用是提供运输的**孔道**。

交通隧道可以分为铁路隧道、公路隧道、地下铁道、水底隧道和人行地道。

（资料来源：百度文库）

生词

隧道	suìdào	tunnel
应用科学	yìngyòng kēxué	applied science
规划	guīhuà	plan
勘测	kāncè	survey
施工	shīgōng	construction
市政	shìzhèng	municipal administration
防空	fángkōng	air defence
采矿	cǎikuàng	mining
地层	dìcéng	stratum
坑道	kēngdào	mine tunnel
塌落	tāluò	crumple
支撑	zhīchēng	prop up
地质	dìzhì	geology
山岭	shānlǐng	chain of mountains
孔道	kǒngdào	channel

语法点

1. 包　括

包含，或列举各部分，或着重指出某一部分 include; consist of;

comprise; incorporate

例：我说“大家”，自然包括你在内。

2. 一般

普通；通常 general; ordinary; common

例：他一般早上出去，天黑才回来。

我一般下午去健身。

课文二　高速铁路的隧道工程

全世界高速铁路不断发展，出现了许多隧道工程，主要是因为高速铁路的线路技术标准要比普通铁路高。例如，线路平面的最小曲线半径在多数情况下都大于 4 000 米，**坡度**变缓等。2010 年，在中国建成通车的武汉至广州客运专线，是中国铁路高速客运网主架之一。全线共建设隧道 237 座，总长 178.9 千米，占线路长度的 18.5%。其中，浏阳河隧道 10.115 千米，是全线最长的隧道；大瑶山 1 号隧道 10.081 千米，为全线最长山岭隧道。

高速铁路隧道与一般铁路隧道在勘测、设计、施工、**维修**和养护等方面有许多共同点，但由于高速铁路列车运行速度很高，许多低速运行时可以**忽略**的问题，在高速时却会变得十分重要。列车与隧道里空气的相互作用就是非常明显的例子。高速列车在隧道内行驶时所产生的空气**动力学**效应，例如隧道中的气动压力波、列车的空气动**阻力**、**微压波**等问题会产生非常重要的影响。这不仅关系着行车安全，还关系着隧道中工作人员和过往人员的安全。因此，在很多方面，高速铁路隧道与普通铁路隧道有较大的差别，比如隧道的**横断面**形状、净空面积、出入口段的结构类型等。许多理论和**试**

验研究表明，为降低隧道空气动力**效应**的影响，可以修建平行的**辅助**隧道，或者在隧道洞口建设**缓冲**结构等。

（资料来源：百度文库）

生词

坡度	pōdù	gradient; slope
维修	wéixiū	maintain and repair
忽略	hūlüè	ignore; neglect
动力学	dònglìxué	dynamics (math)
阻力	zǔlì	obstruction; resistance
微压波	wēiyābō	micro-pressure wave
横断面	héngduànmiàn	horizontal section
试验	shìyàn	examination
效应	xiàoyìng	effect
辅助	fǔzhù	assist
缓冲	huǎnchōng	buffer

练习

一、根据拼音写词语。

suìdào	yìngyòng	kēxué	guīhuà	kāncè
（　　）	（　　）	（　　）	（　　）	（　　）

shīgōng　　shìzhèng　　fángkōng　　cǎikuàng

(　　)　(　　)　(　　)　(　　)

dìcéng　　kēngdào　　tāluò　　zhīchēng

(　　)　(　　)　(　　)　(　　)

shānlǐng　　kǒngdào　　pōdù　　wéixiū

(　　)　(　　)　(　　)　(　　)

hūlüè　　dònglìxué　　zǔlì　　wēiyābō

(　　)　(　　)　(　　)　(　　)

héngduànmiàn　　shìyàn　　xiàoyìng

(　　)　(　　)　(　　)

fǔzhù　　huǎnchōng

(　　)　(　　)

二、根据课文判断正误。

1. 隧道是一种修建在地面的工程建筑物，它的两头有出入口。(　　)

2. 在修建隧道时，一般会先在地层内挖出圆形、矩形等形状的“坑道”。(　　)

3. 高速列车在隧道内行驶时所产生的空气动力效应对行车安全没有太大影响。(　　)

4. 按照隧道的用途划分，它可以分为土质隧道和石质隧道。(　　)

5. 中国于2010年全线建成通车武汉至广州客运专线，全线237座隧道中浏阳河隧道为最长山岭隧道。(　　)

6. 高铁隧道和一般铁路隧道有很多共同点，比如在设计、施工、维修等方面。(　　)

7. 由于高速铁路列车运行速度很高，因此许多低速运行时产

生的问题不能被忽略。(　　　)

8. 隧道及地下工程不包括军用方面的国防坑道。(　　　)

9. 修建平行的辅助隧道可以帮助降低隧道空气动力效应的影响。(　　　)

三、根据课文填空。

1. 隧道工程是__________和工程技术，主要__________隧道的__________、勘测、设计、_________和养护，是__________的一个分支。

2. 隧道总类很多，按照隧道的____________划分，可分为交通隧道、水工隧道、____________和矿山隧道。其中____________是隧道中最多的一种，它们的作用是提供运输的____________，其中可分为铁路隧道、________、地下铁道、水底隧道和__________。

3. 高速铁路隧道在很多方面与__________铁路隧道有较大的_________，比如隧道的横断面__________、净空__________、出入口段的____________类型等。

4. 隧道另一方面也指各种类型的地下________________，包括_________方面的铁路、道路、运河隧道，以及地下__________和水底隧道等；____________和民用方面的____________、防空、采矿、____________和生产等用途的地下工程。

四、语法练习。

1. 汉语学习（　　　　）听说读写四个方面。（包括/包）

2. 周末他（　　　　）都在图书馆。（一般/一半）

五、将适当的词语连接在一起。

修建	影响	应用	运输
保证	隧道	地下	效应
降低	问题	动力	工程
忽略	安全	交通	科学

六、根据课文，回答问题。

1. 高速铁路隧道和普通铁路隧道的共同点有哪些？
2. 高速铁路隧道和普通铁路隧道的主要差异有哪些方面？

课文三　拓展阅读 1

zhōng wài suì dào gōng chéng fā zhǎn gài kuàng
中外隧道工程发展概况

mù qián yǐ zhī de zuì zǎo yòng yú jiāo tōng de suì dào shì
目前已知的最早用于交通的隧道，是
gōng yuán qián nián dào gōng yuán qián nián zài bā bǐ
公元前2180年到公元前2160年在巴比
lún chéng zhōng de yòu fā lā dǐ hé
伦（Babylon）城中的幼发拉底河（Euphrates River）
xià miàn xiū jiàn de rén xíng tōng dào jù zī liào jì zǎi zhōng
下面修建的人行通道。据资料记载，中
guó zuì zǎo de jiāo tōng suì dào shì wèi yú jīn shǎn xī shěng
国最早的交通隧道是位于今陕西省

hàn zhōng shì de shí mén suì dào shì gōng yuán nián jiàn de
汉中市的“石门”隧道，是公元66年建的，
gōng mǎ chē hé xíng rén tōng xíng xiàn dài suì dào wā jué jì
供马车和行人通行。现代隧道挖掘技
shù shì zài huǒ yào de fā míng hé shì jì de chǎn yè gé
术是在火药的发明和19世纪的产业革
mìng hòu chū xiàn de yóu qí shì tiě lù de chū xiàn duì suì dào
命后出现的，尤其是铁路的出现，对隧道
jiàn zào qǐ dào le hěn dà de tuī dòng zuò yòng nián dào
建造起到了很大的推动作用。1826年到
nián yīng guó xiū jiàn le cháng mǐ de tài lè shān
1830年，英国修建了长770米的泰勒山
dān xiàn tiě lù suì dào hé cháng mǐ de
（Taylor Mountain）单线铁路隧道和长2 474米的
wéi duō lì yà shuāng xiàn tiě lù suì dào nián
维多利亚（Victoria）双线铁路隧道。1860年，
kāi shǐ xiū jiàn lún dūn dì xià tiě dào dàn shì zhí dào shì jì
开始修建伦敦地下铁道。但是直到20世纪
nián dài rén men cái zǒng jié chū gè lèi suì dào jí dì xià
50年代，人们才总结出各类隧道及地下
gōng chéng de guī huà shè jì hé shī gōng jī běn yuán lǐ
工程的规划、设计和施工基本原理，
bìng zài tǔ mù gōng chéng zhōng xíng chéng dú lì de gōng
并在土木工程中形成独立的工
chéng lǐng yù
程领域。

zhōng guó dì yī zuò tiě lù suì dào shì zài tái wān xiū jiàn
中国第一座铁路隧道是在台湾修建
de shī qiú lǐng suì dào jiàn zào shí jiān shì dào nián
的狮球岭隧道，建造时间是1887到1891年，
guǐ jù mǐ cháng mǐ zài tái běi jī lóng xiàn shàng
轨距1067米，长261.4米，在台北—基隆线上。
rú jīn zhōng guó shì shì jiè shàng yōng yǒu tiě lù suì dào zuì
如今中国是世界上拥有铁路隧道最

duō　zǒng yán xiàn zuì cháng de guó jiā zhī yī　jìn shí nián lái
多、总延线最长的国家之一。近十年来，
suí zhe zhōng guó gāo sù gōng lù hé gāo jí gōng lù jiàn shè
随着中国高速公路和高级公路建设
de kuài sù fā zhǎn　gōng lù suì dào de jiàn zào yě qǔ dé le
的快速发展，公路隧道的建造也取得了
kuài sù fā zhǎn měi nián jī hū dōu yǒu shù shí zuò yǐ shàng de
快速发展，每年几乎都有数十座以上的
suì dào jiàn chéng　　shì jì zhōng guó jiāo tōng suì dào de jiàn
隧道建成。21世纪中国交通隧道的建
shè hé suì dào shī gōng jì shù huì yǒu gèng dà de fā zhǎn
设和隧道施工技术会有更大的发展。

zī liào lái yuán　bǎi dù wén kù
（资料来源：百度文库）

gēn jù wén zhāng huí dá wèn tí
根据文章回答问题

xiàn dài suì dào de wā jué jì shù shì shén me shí hòu
1. 现代隧道的挖掘技术是什么时候
chū xiàn de
出现的？

zhōng guó shì shì jiè shàng yōng yǒu　gāo sù tiě lù suì
2. 中国是世界上拥有高速铁路隧
dào zuì duō　zǒng yán xiàn zuì cháng de guó jiā ma
道最多、总延线最长的国家吗？

zhōng guó dì yī zuò gōng lù suì dào shì shén me
3. 中国第一座公路隧道是什么？

shén me shí hòu suì dào gōng chéng cái zài tǔ mù gōng
4. 什么时候隧道工程才在土木工
chéng zhōng xíng chéng yī gè dú lì de gōng chéng lǐng yù
程中形成一个独立的工程领域？

课文四　拓展阅读 2

suì dào zhī shí
隧道知识

suì dào gài niàn yǔ zuò yòng
1. 隧道概念与作用

suì dào tōng cháng shì zhǐ yòng zuò dì xià tōng dào de gōng
隧道通常是指用作地下通道的工
chéng jiàn zhù wù yī bān kě fēn wéi liǎng dà lèi yī lèi shì xiū
程建筑物。一般可分为两大类，一类是修
jiàn zài yán céng zhōng de chēng wéi yán shí suì dào yī lèi shì
建在岩层中的，称为岩石隧道，一类是
xiū jiàn zài tǔ céng zhōng de chēng wéi ruǎn tǔ suì dào zhǔ tǐ
修建在土层中的，称为软土隧道。主体
jiàn zhù wù bāo kuò dòng shēn chèn qì hé dòng mén fù shǔ jiàn
建筑物包括洞身衬砌和洞门，附属建
zhù wù bāo kuò tōng fēng zhào míng fáng pái shuǐ ān quán shè
筑物包括通风、照明、防排水、安全设
bèi děng
备等。

dào lù suì dào gōng chéng diào chá nèi róng
2. 道路隧道工程调查内容

dì xíng diào chá dì zhì diào chá qì xiàng diào chá huán jìng
地形调查、地质调查、气象调查、环境
diào chá shī gōng tiáo jiàn diào chá yǐ jí yǔ gōng chéng yǒu
调查、施工条件调查以及与工程有
guān fǎ lìng diào chá děng
关法令调查等。

dào lù suì dào wèi zhì de dìng wèi yǔ dòng kǒu
3. 道路隧道位置的定位与洞口

wèi zhì de xuǎn zé
位置的选择

dìng wèi zài jué dìng suì dào wèi zhì shí yào kǎo lǜ dào lù
定位：在决定隧道位置时，要考虑到路
xiàn de tè xìng yǔ qián hòu xiàn xíng de xián jiē dì xíng dì zhì
线的特性，与前后线形的衔接、地形地质
tiáo jiàn duì shī gōng nán yì chéng dù de yǐng xiǎng jiāo tōng ān
条件对施工难易程度的影响、交通安
quán xíng shǐ xìng néng děng dòng kǒu fù jìn yīng tè bié jiā yǐ
全、行驶性能等，洞口附近应特别加以
zhù yì
注意。

dòng kǒu wèi zhì de xuǎn zé dòng kǒu bù fen zài dì zhì
洞口位置的选择：洞口部分在地质
shàng tōng cháng shì bù wěn dìng de yīng bì miǎn bù wěn dìng
上通常是不稳定的，应避免不稳定
dì qū shè zài shān tǐ wěn dìng dì zhì tiáo jiàn hǎo pái shuǐ
地区，设在山体稳定、地质条件好、排水
yǒu lì de dì fāng dòng kǒu bù yīng shè zài gōu gǔ dī wā chù
有利的地方。洞口不应设在沟谷低洼处
hé huì shuǐ gōu chù suì dào chuān guò xuán yá dǒu bì shí yào
和汇水沟处。隧道穿过悬崖陡壁时，要
zhù yì yán bì de wěn dìng xìng dòng kǒu dì xíng píng huǎn shí
注意岩壁的稳定性。洞口地形平缓时，
yī bān yě yīng zǎo jìn dòng wǎn chū dòng wèi shǐ dòng kǒu duàn
一般也应早进洞晚出洞。为使洞口段
chèn qì jié gòu shòu lì tiáo jiàn jiào hǎo yīng shǐ suì dào zhōng
衬砌结构受力条件较好，应使隧道中
xiàn yǔ dì xíng děng gāo xiàn zhèng jiāo zhèng jiāo dòng kǒu de
线与地形等高线正交，正交洞口的
biān yǎng pō kāi wā jiào xiǎo ér qiě jūn héng cháng dà suì dào
边、仰坡开挖较小而且均衡。长大隧道
zài dòng mén fù jìn kǎo lǜ shī gōng chǎng dì qì zhā chǎng yǐ
在洞门附近考虑施工场地、弃渣场以

jí biàn dào de wèi zhì duì zǔ zhī shī gōng shí de nán yì hé jìn
及便道的位置，对组织施工时的难易和进
dù yǒu hěn dà yǐng xiǎng dòng kǒu bù fen mái shēn jiào xiǎo yīng
度有很大影响。洞口部分埋深较小，应
kǎo lǜ fù jìn de dì shàng gòu zhù wù dì xià mái shè wù duì suì
考虑附近的地上构筑物、地下埋设物对隧
dào de yǐng xiǎng hé duì cè yù xiān kǎo lǜ yùn yíng hòu tōng
道的影响和对策。预先考虑运营后，通
fēng shè bèi pái chū de fèi qì hé zào shēng duì zhōu wéi huán
风设备排出的废气和噪声对周围环
jìng de yǐng xiǎng chéng dù hé jiě jué bàn fǎ yán jiū xuě bēng
境的影响程度和解决办法。研究雪崩、
zhèn fēng fēng chuī xuě děng duì ān quán xíng shǐ de yǐng xiǎng
阵风、风吹雪等对安全行驶的影响，
kǎo lǜ shè zhì fáng xuě gōng chéng fáng fēng gōng chéng hé
考虑设置防雪工程、防风工程和
fàng lù miàn dòng hài gōng chéng de bì yào xìng zài chéng shì
放路面冻害工程的必要性。在城市
suì dào de jìn chū lù shàng píng jiāo lù kǒu duì suì dào jiāo
隧道的进出路上，平交路口对隧道交
tōng yǒu wú yǐng xiǎng rú hé jiě jué děng
通有无影响，如何解决等。

suì dào gōng chéng gài suàn yīng bāo kuò de fèi yòng
4. 隧道工程概算应包括的费用

tǔ jiàn fèi jī diàn fèi chǔ bèi fèi guǎn lǐ fèi
土建费、机电费、储备费、管理费。

suì dào xiàn xíng què dìng de yuán zé
5. 隧道线形确定的原则

píng miàn xiàn xíng yāo qiú yuán zé shàng cǎi yòng zhí
平面线形要求：原则上采用直
xiàn bì miǎn qū xiàn zòng miàn xiàn xíng yāo qiú yǐ bù fáng
线，避免曲线。纵面线形要求：以不妨

ài pái shuǐ de huǎn pō wéi yí zài biàn pō diǎn shàng yīng fàng
碍排水的缓坡为宜,在变坡点上应放
rù zú gòu de shù qū xiàn yǐn xiàn yào qiú yǐn xiàn de píng
入足够的竖曲线。引线要求:引线的平
miàn jí zòng duàn xiàn xíng yīng dāng bǎo zhèng yǒu zú gòu
面及纵断线形应当保证有足够
de shì jù hé xíng shǐ ān quán dòng kǒu qián de yǐn xiàn zòng
的视距和行驶安全,洞口前的引线纵
pō yǔ suì dào zòng pō zài bì yào de jù lí zhī nèi yīng bǎo
坡与隧道纵坡在必要的距离之内应保
chí yī zhì suì dào jìng kōng duàn miàn yāo qiú yīng gěi fù shǔ
持一致。隧道净空断面要求:应给附属
shè bèi liú yǒu zú gòu de kōng jiān zài cháng suì dào lǐ yào
设备留有足够的空间,在长隧道里要
shè zhì jiā kuān dài jìng gāo yóu qì chē zài huò xiàn zhì gāo
设置加宽带,净高由汽车载货限制高
dù hé fù yù liàng jué dìng zì rán tōng fēng de suì dào duàn
度和富裕量决定。自然通风的隧道,断
miàn yīng shì dāng dà xiē
面应适当大些。

suì dào dòng shēn chèn qì de lèi xíng jí shì yòng
6. 隧道洞身衬砌的类型及适用
tiáo jiàn
条件

zhí qiáng shì chèn qì tōng cháng shì yòng yú yán shí dì
直墙式衬砌:通常适用于岩石地
céng chuí zhí wéi yán yā lì wéi zhǔ yào jì suàn hè zài shuǐ
层垂直围岩压力为主要计算荷载、水
píng wéi yán yā lì hěn xiǎo de qíng kuàng yī bān shì yòng yú
平围岩压力很小的情况,一般适用于
lèi wéi yán yǒu shí yě kě yòng yú lèi wéi yán qū
Ⅳ、Ⅴ类围岩,有时也可用于Ⅲ类围岩。曲

qiáng shì chèn qì tōng cháng zài lèi yǐ xià wéi yán zhōng shuǐ
墙式衬砌：通常在Ⅲ类以下围岩中，水
píng yā lì jiào dà wèi le dǐ kàng jiào dà de shuǐ píng yā lì
平压力较大，为了抵抗较大的水平压力
bǎ biān qiáng yě zuò chéng qū xiàn xíng zhuàng pēn hùn níng tǔ
把边墙也做成曲线形状。喷混凝土
chèn qì pēn máo chèn qì jí fù hé shì chèn qì yuán xíng duàn
衬砌、喷锚衬砌及复合式衬砌；圆形断
miàn suì dào jǔ xíng duàn miàn suì dào
面隧道；矩形断面隧道。

第五单元　轨　道

课文一　轨道概述

轨道是线路的重要组成部分，它承受着机车车辆的重量，并**引导**机车车辆运行。轨道一般由钢轨、**轨枕**、**道床**、联结零件、防爬设备及**道岔**等组成。机车车辆作用于轨道上的力很多，所以轨道要有足够的强度和稳定性，各组成部分的结构要合理，尺寸及材质要相互配合，以保证列车按规定的速度安全、平稳和不间断地运行。

地铁、轻轨、**磁悬浮**均属于城市快速轨道交通的一部分。它们虽然各有特色，但都能为居民提供优质快速的交通服务。城市轨道交通由于行车**密度**大，因此要求运营安全平稳，舒适度好，尽量减少维修和养护工作。城市轨道交通对轨道结构有如下要求：结构简单、整体性强，具有**坚固**性、稳定性、**均衡**性等特点，确保行车安全、平稳、舒适。具有足够的强度；便于施工，易于管理，可靠性高，使用寿命长，可以少维修或者避免维修，并利于日常的清洁养护，降低运营的成本。采用成熟的新工艺、新技术、新材料，满足**绝缘**、减低**振动**、降低**噪声**和减轻轨道自重的需要，尽可能符合城市景观和美观要求。

（资料来源：百度文库）

生词

轨道	guǐdào	railroad
引导	yǐndǎo	guide
轨枕	guǐzhěn	railway sleeper
道床	dàochuáng	railroad bed
道岔	dàochà	switching device
磁悬浮	cíxuánfú	maglev
密度	mìdù	density
坚固	jiāngù	firm; sturdy
均衡	jūnhéng	balance
绝缘	juéyuán	insulate
振动	zhèndòng	vibration
噪声	zàoshēng	noise

课文二　地铁和轻轨交通的发展概况

1863 年 1 月 10 日，世界上第一条地铁在伦敦建成通车。列车用**蒸汽**机车牵引，线路全长约 6.4 千米。从此城市交通进入轨道交通时代。可以说城市轨道交通的历史比汽车的历史还要**悠久**。城市轨道交通的发展经历了一个**曲折**的过程，大致分为以下几个阶段。

1. 初步发展阶段（1863—1924 年）

在这一阶段，欧美的城市轨道交通发展较快，有 13 个城市建成了地铁，还有许多城市建设了有轨电车。20 世纪 20 年代，美国、日本、印度和中国的有轨电车有了很大发展。

2. 停滞萎缩阶段（1924—1949 年）

第二次世界大战的**爆发**和汽车工业的发展，导致了城市轨道交通的**停滞**和**萎缩**。轨道交通因投资大、建设周期长，所以没有得到普遍发展。这一阶段只有五个城市发展了城市地铁，有轨电车则停滞不前，有些线路被**拆除**。

3. 再发展阶段（1949—1969 年）

汽车过度增加使城市道路非常拥堵，行车速度下降，空气污染加重，大量**耗费**石油**资源**。人们开始意识到，解决城市客运交通必须**依靠**由电力**驱动**的轨道交通。轨道交通因此重新得到了重视。

4. 高速发展阶段（1970 年至今）

城市化的发展形势导致人口高度集中。这要求轨道交通高速发展，以适应不断增加的客流运输。同时，新技术的发展也为轨道交通**奠定**了良好的基础。在世界范围内，轨道交通都迎来了高速发展的新时期。

（资料来源：百度文库）

生词

蒸汽	zhēngqì	vapour
悠久	yōujiǔ	long-standing

曲折	qūzhé	complicated
爆发	bàofā	break out
停滞	tíngzhì	stagnate
萎缩	wěisuō	shrink
拆除	chāichú	pull down
耗费	hàofèi	expend
资源	zīyuán	resources
依靠	yīkào	rely on
驱动	qūdòng	drive
奠定	diàndìng	establish

练习

一、根据拼音写词语。

guǐdào （　　） yǐndǎo （　　） guǐzhěn （　　） dàochuáng （　　）

dàochà （　　） cíxuánfú （　　） mìdù （　　） jiāngù （　　）

jūnhéng （　　） juéyuán （　　） zhèndòng （　　） zàoshēng （　　）

zhēngqì （　　） yōujiǔ （　　） qūzhé （　　） bàofā （　　）

cùshǐ （　　） tíngzhì （　　） wěisuō （　　） chāichú （　　） hàofèi （　　）

zīyuán （　　） yīkào （　　） qūdòng （　　） diàndìng （　　）

二、根据课文判断正误。

1. 地铁和高铁均属于城市快速轨道交通的一部分。(　　)

2. 汽车过度增加使城市道路拥堵，空气污染加重，石油资源大量耗费，于是人们逐渐意识到轨道交通的发展必要性。(　　)

3. 轨道的主要部件为钢轨、轨枕、道床、防爬设备及道岔等。(　　)

4. 第二次世界大战的爆发和汽车工业的发展，促使了城市轨道交通的快速发展。(　　)

5. 城市轨道交通由于行车密度大，所以要求运营安全平稳，舒适度高。(　　)

6. 世界上第一条轻轨于 1863 年 1 月 10 日在伦敦建成通车。(　　)

7. 在城市轨道交通的初步发展阶段，世界上很多城市建设了有轨电车。(　　)

三、根据课文填空。

1. 地铁和__________均属于城市__________交通的一部分。

2. 汽车过度增加使__________非常拥堵，行车__________下降，__________加重，石油资源大量耗费，于是人们逐渐意识到解决城市__________必须依靠电力驱动的__________。

3. 城市轨道交通由于行车_____________大，因而要求运营__________，__________好，尽量减少__________和养护工作。

4. 城市轨道结构要求简单、__________强，具有坚固性、稳定性、__________等特点，确保行车安全、__________、舒适。

四、将下列词语组成句子。

1. 线路　组成　轨道　是　的　重要　部分

2. 轨道　交通　发展　城市　的　一个　经历了　过程　曲折的

3. 城市　均属于　地铁　轻轨　交通　快速　轨道　一部分　的　磁悬浮

4. 地铁　各国　世界　特色　各具

五、将适当的词语连接在一起。

运输	发展	轨道	资源
高速	基础	维修	安全
降低	设备	石油	工作
奠定	成本	行车	结构

课文三 扩展阅读 1

guǐ dào jiāo tōng de fā zhǎn yì yì
轨道交通的发展意义

yóu yú shì jiè fàn wéi nèi rén kǒu xiàng chéng shì jí zhōng
由于世界范围内人口向城市集中，
chéng shì huà bù fá bù duàn jiā kuài dà zhōng xíng chéng shì pǔ
城市化步伐不断加快，大中型城市普
biàn chū xiàn rén kǒu mì jí zhù fáng jǐn quē jiāo tōng zǔ sè
遍出现人口密集、住房紧缺、交通阻塞、
huán jìng wū rǎn yán zhòng néng yuán quē fá děng chéng shì
环境污染严重、能源缺乏等“城市
bìng chéng shì de rén kǒu fēn bù hé chéng shì fā zhǎn yǔ qí
病”。城市的人口分布和城市发展与其
jiāo tōng shè shī de fēn bù yǒu zhe mì qiè de guān xì jiāo tōng
交通设施的分布有着密切的关系。交通
jié gòu de bù jú wǎng wǎng huì yǐng xiǎng chéng shì de zhěng
结构的布局往往会影响城市的整
tǐ fā zhǎn dì tiě hé qīng guǐ shǔ yú chéng shì kuài sù guǐ dào
体发展。地铁和轻轨属于城市快速轨道
jiāo tōng de zhòng yào zǔ chéng bù fen tā men de yōu diǎn hěn
交通的重要组成部分。它们的优点很
duō bǐ rú yùn liàng dà kuài sù zhǔn diǎn dī néng hào shǎo
多，比如运量大、快速、准点、低能耗、少
wū rǎn chéng zuò shū shì fāng biàn děng suǒ yǐ cháng cháng bèi
污染、乘坐舒适方便等，所以常常被
chēng wéi lǜ sè jiāo tōng dì tiě hé qīng guǐ jīng guò nián
称为“绿色交通”。地铁和轻轨经过150年
de fā zhǎn jī chē chē liàng zì dòng kòng zhì tōng xìn hé xìn
的发展，机车车辆、自动控制、通信和信
hào děng jì shù fāng miàn yǒu le hěn dà de jìn bù hěn duō
号等技术方面有了很大的进步，很多

fāng miàn dài biǎo hé tǐ xiàn le dāng jīn gāo xīn kē xué jì shù
方面代表和体现了当今高新科学技术

fā zhǎn de shuǐ píng mù qián xiàn dài dà chéng shì zhōng de dì
发展的水平。目前，现代大城市中的地

xià guǐ dào hé qīng guǐ jiāo tōng zài chéng shì de shè huì jīng jì
下轨道和轻轨交通在城市的社会、经济

huó dòng zhōng fā huī zhe bù kě tì dài de zuò yòng dōng jīng
活动中发挥着不可替代的作用。东京

suī yōng yǒu wàn liàng xiǎo qì chē dàn jū mín shàng
（Tokyo）虽拥有600万辆小汽车，但居民上

xià bān shàng xià xué jué dà bù fen chéng zuò dì tiě hěn shǎo
下班、上下学绝大部分乘坐地铁，很少

yǒu rén chéng sī rén qì chē zài bā lí zài diǎn zhì
有人乘私人汽车。在巴黎（Paris），在7点至9

diǎn de gāo fēng yùn shū qī jiān cóng shì qū dào jiāo qū de kè
点的高峰运输期间，从市区到郊区的客

liú zhōng lì yòng sī rén jiāo tōng gōng jù de jǐn zhàn lì
流中，利用私人交通工具的仅占19%，利

yòng gōng gòng jiāo tōng gōng jù de zhàn ér zài gōng
用公共交通工具的占81%。而在公

gòng jiāo tōng zhōng dì xià tiě dào yòu zhàn zài mò sī kē
共交通中，地下铁道又占40%。在莫斯科

yóu yú dì tiě shū shì fāng biàn piào jià dī suǒ yǐ
（Moscow），由于地铁舒适、方便、票价低，所以

dà liàng yuán běn kāi chē shàng xià bān de jū mín fēn fēn gǎi
大量原本开车上下班的居民纷纷改

chéng dì tiě
乘地铁。

fā dá guó jiā de jīng yàn biǎo míng dì tiě hé qīng guǐ shì
发达国家的经验表明，地铁和轻轨是

jiě jué dà zhōng xíng chéng shì gōng gòng jiāo tōng yùn shū de
解决大中型城市公共交通运输的

gēn běn tú jìng duì yú shì jì shí xiàn chéng shì kě chí xù
根本途径，对于21世纪实现城市可持续

fā zhǎn yǒu fēi cháng zhòng yào de yì yì zài xiàn dài huà jì
发展有非常重要的意义。在现代化技
shù bèi jǐng xià néng mǎn zú xiàn dài dà chéng shì gōng gòng jiāo
术背景下，能满足现代大城市公共交
tōng xū qiú de bì rán shì dì xià tiě dào huò qīng guǐ jiāo tōng
通需求的必然是地下铁道或轻轨交通。

zī liào lái yuán bǎi dù wén kù
（资料来源：百度文库）

gēn jù wén zhāng huí dá wèn tí
根据文章回答问题

dì tiě hé qīng guǐ jiāo tōng de zhǔ yào yōu diǎn yǒu nǎ xiē
1. 地铁和轻轨交通的主要优点有哪些？

chéng shì bìng zhǔ yào shì zhǐ shén me
2. “城市病”主要是指什么？

dà lì fā zhǎn chéng shì guǐ dào jiāo tōng de yì yì shì shén me
3. 大力发展城市轨道交通的意义是什么？

qǐng jiǎn shù shì jiè shàng jǐ gè zhǔ yào chéng shì dì tiě jiāo tōng fā zhǎn zhuàng kuàng
4. 请简述世界上几个主要城市地铁交通发展状况。

课文四 拓展阅读 2

zhōng guó tiě lù jì shù péi xùn zài kěn ní yà de fā zhǎn
中国铁路技术培训在肯尼亚的发展

zài yī dài yī lù chàng yì xià zhōng guó tiě lù zǒu chū
在“一带一路”倡议下，中国铁路“走出

qù bù jǐn tǐ xiàn zài hǎi wài dà guī mó de jī chǔ shè shī jiàn
去”不仅体现在海外大规模的基础设施建
shè shàng gèng tǐ xiàn wéi gòu jiàn rén lèi mìng yùn gòng tóng
设上，更体现为构建“人类命运共同
tǐ shí xiàn bù tóng guó jiā bù tóng zhǒng zú de rén mín de
体”，实现不同国家、不同种族的人民的
jiāo tōng jiāo liú hé jiāo róng shí xiàn chí xù fā zhǎn gòng tóng
交通、交流和交融，实现持续发展共同
fán róng de hóng dà mù biāo nián yuè dào nián
繁荣的宏大目标。2016年3月到2017年8
yuè xī nán jiāo tōng dà xué wèi méng nèi tiě lù méng bā sà
月，西南交通大学为蒙内铁路（蒙巴萨
gǎng nèi luó bì zǔ zhī shí shī de liǎng qī dāng dì jì shù rén
港—内罗毕）组织实施的两期当地技术人
yuán péi xùn bān zhèng shì duì rén lèi mìng yùn gòng tóng tǐ
员培训班正是对“人类命运共同体”
zhè yī gòu xiǎng de jī jí xiǎng yìng
这一构想的积极响应。

nián yuè lǐ kè qiáng zǒng lǐ fǎng wèn kěn ní yà
2014年5月，李克强总理访问肯尼亚
qī jiān zhōng kěn qiān shǔ le guān yú méng bā sà
（Kenya）期间，中肯签署了关于蒙巴萨
gǎng nèi luó bì tiě lù xiāng guān hé zuò xié yì nián
港—内罗毕铁路相关合作协议。2015年1
yuè wài jiāo bù zhǎng wáng yì kāi nián shǒu fǎng fēi zhōu dì yī
月，外交部长王毅开年首访非洲，第一
zhàn jiù shì kěn ní yà fǎng kěn qī jiān wáng yì biǎo shì zhōng
站就是肯尼亚。访肯期间王毅表示，中
guó yuàn wèi fēi zhōu shí xiàn gāo sù tiě lù wǎng de mèng xiǎng
国愿为非洲实现高速铁路网的梦想
zuò chū nǔ lì nián yuè rì zài kěn ní yà lián jiē
作出努力。2017年6月1日，在肯尼亚，连接
dōng fēi zuì dà gǎng kǒu chéng shì méng bā sà hé
东非最大港口城市蒙巴萨（Mombasa）和

shǒu dōu nèi luó bì de biāo guǐ tiě lù jiàn chéng tōng
首都内罗毕（Nairobi）的标轨铁路建成通
chē zhè tiáo tiě lù quán cháng qiān mǐ quán tào cǎi yòng
车。这条铁路全长480千米，全套采用
zhōng guó biāo zhǔn zhōng guó zhuāng bèi hé zhōng guó jì shù
中国标准、中国装备和中国技术，
shì dōng fēi tiě lù wǎng de yī bù fen jīn hòu jiāng lián jiē wū
是东非铁路网的一部分，今后将连接乌
gàn dá shǒu dōu kǎn pà lā zuì zhōng dǐ dá lú wàng
干达首都坎帕拉（Kampala），最终抵达卢旺
dá àn zhào zhōng guó hé kěn ní yà zhèng fǔ de gòng
达（Rwanda）。按照中国和肯尼亚政府的共
tóng yì yuàn zhè tiáo tiě lù yùn yíng wǔ nián hòu jiāng quán bù
同意愿，这条铁路运营五年后，将全部
zhuǎn jiāo gěi kěn ní yà zhèng fǔ yóu kěn ní yà rén zì jǐ yùn
转交给肯尼亚政府，由肯尼亚人自己运
yíng wéi hù yìng zhōng jiāo jí tuán zhōng guó lù qiáo gōng
营维护。应中交集团中国路桥工
chéng yǒu xiàn zé rèn gōng sī yāo qǐng xī nán jiāo tōng dà xué
程有限责任公司邀请，西南交通大学
yuǎn chéng jì xù jiào yù xué yuàn hé wài guó yǔ xué yuàn
远程继续教育学院和外国语学院
chéng dān le wèi méng nèi tiě lù yùn yíng péi yǎng dāng dì jì
承担了为蒙内铁路运营培养当地技
shù gǔ gàn de rèn wù
术骨干的任务。

méng nèi xiàng mù tiě lù jì shù rén cái péi yǎng jì huà fēn
蒙内项目铁路技术人才培养计划分
wéi sān gè jiē duàn jìn xíng dì yī jiē duàn zhōng guó lù qiáo
为三个阶段进行。第一阶段，中国路桥、
xī nán jiāo tōng dà xué hé kěn ní yà tiě lù jú tiě lù péi xùn
西南交通大学和肯尼亚铁路局铁路培训
xué yuàn hé zuò jìn xíng tiě lù
学院（Railway Training Institute，RTI）合作进行铁路

zhí yè jì shù rén cái péi yǎng zhōng guó lù qiáo shè dìng péi
职业技术人才培养。中国路桥设定培
xùn zhuān yè hé péi yǎng mù biāo xī nán jiāo tōng dà xué pài
训专业和培养目标。西南交通大学派
chū zhuān yè jiào xué hé fān yì tuán duì zǔ zhī hé shí shī péi
出专业教学和翻译团队，组织和实施培
xùn kěn ní yà tiě lù péi xùn xué yuàn tí gōng péi xùn chǎng
训。肯尼亚铁路培训学院提供培训场
dì fù zé xué yuán guǎn lǐ hé hòu qín zhī chí gāi jiē duàn jiāng
地，负责学员管理和后勤支持。该阶段将
wèi kěn ní yà péi yǎng dì yī pī zhǎng wò zhōng guó tiě lù
为肯尼亚培养第一批掌握中国铁路
biāo zhǔn de zhí yè jì shù rén cái wèi méng nèi tiě lù yùn yíng
标准的职业技术人才，为蒙内铁路运营
chǔ bèi rén cái dì èr jiē duàn zhōng guó lù qiáo jiāng tóu zī
储备人才。第二阶段，中国路桥将投资
jiàn shè zhōng kěn yǒu yì kěn ní yà tiě lù péi xùn zhōng
建设“中肯友谊——肯尼亚铁路培训中
xīn gēn jù zhōng guó lù qiáo chū bù shè xiǎng jiāng yóu xī nán
心”。根据中国路桥初步设想，将由西南
jiāo tōng dà xué fù zé gāi zhōng xīn de hòu qī jiào xué hé yùn
交通大学负责该中心的后期教学和运
yíng gōng zuò zài zhōng xīn tóu rù yùn yíng zhī hòu de qī nián
营工作。在中心投入运营之后的七年
shí jiān nèi jiāng wèi méng nèi tiě lù tí gōng jué dà bù fen yùn
时间内，将为蒙内铁路提供绝大部分运
yíng suǒ xū de yī xiàn jì shù rén yuán hé guǎn lǐ rén yuán dì
营所需的一线技术人员和管理人员。第
sān jiē duàn yóu zhōng guó lù qiáo yǐn jiàn xī nán jiāo tōng dà
三阶段，由中国路桥引荐，西南交通大
xué jiāng yǔ nèi luó bì dà xué jiù tiě lù gāo céng cì rén cái péi
学将与内罗毕大学就铁路高层次人才培
yǎng dá chéng jù tǐ hé zuò yì xiàng wèi kěn ní yà gāo céng
养达成具体合作意向，为肯尼亚高层

cì tiě lù rén cái péi yǎng tí gōng guó jì huà píng tái
次铁路人才培养提供国际化平台。

xī nán jiāo tōng dà xué shì zhōng guó guǐ dào jiāo tōng zhí
西南交通大学是中国轨道交通职
yè jiào yù lián méng de fā qǐ rén hé lǐ shì cháng dān wèi wèi
业教育联盟的发起人和理事长单位。为
le zuò hǎo méng nèi tiě lù xiàng mù jì shù péi xùn xī nán jiāo
了做好蒙内铁路项目技术培训，西南交
tōng dà xué zhěng hé guó nèi tiě lù jì shù zhí yè yuàn xiào de
通大学整合国内铁路技术职业院校的
yōu shì zī yuán què dìng péi yǎng fāng àn tōng guò zī gé shěn
优势资源，确定培养方案，通过资格审
chá miàn shì guó nèi gǎng qián péi xùn zài quán guó tiě lù zhí
查、面试、国内岗前培训，在全国铁路职
yè yuàn xiào fēn zhuān yè xuǎn zé bìng què dìng le hé gé de
业院校分专业选择并确定了合格的
shī zī rén yuán tóng shí chéng lì zhuān yè guǎn lǐ tuán duì
师资人员，同时成立专业管理团队，
gòu jiàn guǎn lǐ zǔ zhī jià gòu zhì dìng le yī zhěng tào wán
构建管理组织架构，制定了一整套完
shàn de guǎn lǐ zhì dù cǎi qǔ zhuān yè jiào shī fān yì hé
善的管理制度。采取“专业教师＋翻译”和
zhuān yè jiào shī yīng wén shòu kè de jiào xué mó shì péi xùn
“专业教师英文授课”的教学模式，培训
méng nèi tiě lù suǒ xū jì shù rén cái
蒙内铁路所需技术人才。

zī liào lái yuán bǎi dù wén kù
（资料来源：百度文库）

第六单元　地　质

课文一　地球的组成

我们人类生活的星球叫作地球。地球不仅包括固体地球，还包括它外面的大气圈。固体地球是圆形的，由最外面的**地壳**、中间的**地幔**以及**地核**三个主要部分组成，它的平均半径是 6 371 千米。地核是地球最核心的部分，半径大约 3 400 千米。地核的外面是厚度接近 2 900 千米的地幔。地幔的外面是地壳。我们已经知道的地壳最厚的地方有 75 千米，最薄的地方只有 5 千米左右，地壳的平均厚度大约 35 千米。

地壳表面有很多的海洋、湖泊、河流，它们被叫作**地表水**，面积大约占地球表面总面积的 74%。地表水和南极、北极、高山上的**冰川**，以及土壤、岩石中的**地下水**，共同组成了地球的水圈。固体地球的外面是大气圈。大气圈中的大气主要集中在高度不超过 16 千米的地面中，成分以氮和氧为主。离地面越远，大气越**稀薄**，而且成分也会发生变化。在 100 千米外，大气逐渐不能保持分子的状态，而是变成**带电粒子**。这些带电粒子形成了能够阻挡来自太阳和宇宙中的带电粒子流冲击的**电磁层**。

地球的水圈和大气圈可以通过多种方式互相影响。地球不同圈层之间的相互作用正在不断地改变着地球的面貌。

（资料来源：360 百科）

生词

地壳	dìqiào	the crust
地幔	dìmàn	mantle
地核	dìhé	earth's core
地表水	dìbiǎoshuǐ	surface water
冰川	bīngchuān	glacier
地下水	dìxiàshuǐ	groundwater
稀薄	xībó	thin
带电粒子	dàidiànlìzǐ	charged particle
电磁层	diàncícéng	electromagnetic layer

语法点

由……组成　　be composed of; be made up of

例：地球由三个部分组成。

地球的水圈由地表水、冰川、地下水共同组成。

课文二　工程地质勘查

工程地质**勘查**，是为了查清楚可能会影响工程建筑物的地质因素而进行的地质调查研究工作，包括对建设场地的地形、地貌、地质构造、**地层岩性**、不良地质现象以及水文地质条件等的调查研究，目的是为了给工程建设的**规划**、设计、施工提供必要的参考。

工程地质勘查可以分为三个阶段：（1）选址勘察，一般是通过对几个可能被选取的场地的工程地质资料进行比较和分析，对被选取场地是不是稳定、是不是适合进行工程建设做出评价，目的是从总体上判断场地的工程地质条件是不是适合工程建设项目。（2）初步勘察是在已经选定的工程场地上进行的，目的是对场地内的建筑地段是不是稳定做出评价，为确定建筑**总平面**的布置、主要建筑物**地基**基础设计方案、不良地质现象的预防和治理做出论证。（3）详细勘察是在初步设计完成之后才进行的，目的是提出设计所需要的工程地质条件的各项**技术参数**，对建筑地基做出评价，为基础设计、地基处理和**加固**、不良地质现象的预防和治理等具体方案做出**论证**。

对于工程地质条件比较复杂或者有特殊施工要求的重要建筑物地基，必须要进行**可行性**勘察和施工勘察；对于地质条件比较简单，建筑物占地面积不大的场地，或者有建设经验的地区，可以适当地**简化**勘察阶段。

（资料来源：360 百科）

生词

勘查	kānchá	survey
地层岩性	dìcéng yánxìng	stratigraphic lithology

规划	guīhuà	plan
总平面	zǒngpíngmiàn	total plane
地基	dìjī	foundation
技术参数	jìshù cānshù	technical parameters
加固	jiāgù	reinforce
论证	lùnzhèng	demonstration
可行性	kěxíngxìng	feasibility
简化	jiǎnhuà	simplify

语法点

通过：用某种手段达到某种目的。

例：通过听写我们才知道你是否会写这些汉字。

练习

一、根据拼音写词语。

dìzhì kānchá（　　　　）　yǐngxiǎng yīnsù（　　　　）　diàochá yánjiū（　　　　）

tōngguò kǎochá（　　　　）　fēnxī pínglùn（　　　　）　shèjì fāng'àn（　　　　）

jìshù cānshù（　　　　）　jiāgù dìjī（　　　　）

二、根据课文判断正误。

1. 地球包括固体地球和它外面的大气圈。(　　)

2. 固体地球主要由地壳、地幔、地核三个部分组成。(　　)

3. 地核的半径大约2 900千米。(　　)

4. 地壳的厚薄是不一样的。(　　)

5. 地球的平均半径是3 400千米。(　　)

6. 大气圈的高度不超过16千米。(　　)

7. 工程地质条件好或者不好，都不会影响工程建筑的稳定和正常使用。(　　)

8. 地质条件不好会提高工程建筑的价格。(　　)

9. 人类的各种工程活动会使自然地质条件发生变化。(　　)

三、根据课文填空。

1. 固体地球最核心的部分是__________________。

2. 地壳的平均厚度大约35千米，我们已知最厚的地方有______________千米，最薄的地方仅有_____________千米左右。

3. 地表水的面积大约占地球表面总面积的__________。

4. 大气圈中的大气成分以_________和_________为主。离地面100千米以外，大气会变成____________。

5. 工程地质勘查可以分为___________、________和_____________________三个阶段。

四、语法练习。

1. 找出课文中带有“通过”的句子。

2. 查词典，找出“通过”的用法并分别造句。

五、将适当的词语连接在一起。

保持	冲击	提供	方案
发生	变化	确定	地基
阻挡	面貌	简化	参考
改变	状态	加固	过程

课文三　拓展阅读 1

gōng chéng huó dòng yǔ dì zhì huán jìng de guān xì
工程活动与地质环境的关系

rén lèi de gè zhǒng gōng chéng huó dòng dōu shì zài yī dìng de dì zhì huán jìng zhōng jìn xíng de liǎng zhě xiāng hù yǐng xiǎng xiāng hù zhì yuē
人类的各种工程活动都是在一定的地质环境中进行的，两者相互影响、相互制约。

dì zhì huán jìng duì gōng chéng huó dòng de yǐng xiǎng zhǔ yào biǎo xiàn zài gōng chéng dì zhì tiáo jiàn bù hǎo huì yǐng xiǎng gōng chéng jiàn zhù de wěn dìng hé zhèng cháng shǐ yòng bù tóng de tǔ mù gōng chéng jiàn zhù yǒu bù tóng de gōng chéng tè diǎn huì yù dào bù tóng de gōng chéng dì zhì wèn tí lì rú gōng yè yǔ mín yòng jiàn zhù dà duō yù dào de shì chéng
地质环境对工程活动的影响主要表现在：(1) 工程地质条件不好会影响工程建筑的稳定和正常使用。不同的土木工程建筑有不同的工程特点，会遇到不同的工程地质问题。例如，工业与民用建筑大多遇到的是承

zài lì hé chén jiàng wèn tí bēng tā huá pō huì dài lái xiāng
载力和沉降问题；崩塌、滑坡会带来相
guān jiàn zhù wù de pò huài bìng wēi xié gōng lù tiě lù de ān
关建筑物的破坏并威胁公路、铁路的安
quán dì zhì tiáo jiàn bù hǎo huì yǐng xiǎng shī gōng ān quán
全。(2)地质条件不好会影响施工安全。
fù zá dì zhì gòu zào tiáo jiàn xià de shī gōng hé bù liáng dì zhì
复杂地质构造条件下的施工和不良地质
xiàn xiàng de fā shēng huì gěi shī gōng rén yuán hé shī gōng
现象的发生会给施工人员和施工
chǎng dì dài lái bù ān quán bì xū cǎi qǔ yī xiē bǎo hù cuò
场地带来不安全，必须采取一些保护措
shī dì zhì tiáo jiàn bù hǎo huì yǐng xiǎng gōng chéng jià gé
施。(3)地质条件不好会影响工程价格。
wèi le bǎo zhèng fù zá dì zhì tiáo jiàn xià xiū jiàn de jiàn zhù
为了保证复杂地质条件下修建的建筑
wù de ān quán gōng zuò rén yuán huò zhě yào duì yǒu wēi xiǎn
物的安全，工作人员或者要对有危险
de dì zhì yīn sù jìn xíng chù lǐ huò zhě yào cǎi yòng gèng fù
的地质因素进行处理，或者要采用更复
zá de jiàn zhù jié gòu wú lùn shì nǎ yī zhǒng bàn fǎ dōu huì tí
杂的建筑结构，无论是哪一种办法，都会提
gāo gōng chéng jiàn zhù de jià gé
高工程建筑的价格。

gōng chéng huó dòng duì dì zhì huán jìng de yǐng xiǎng zhǔ
工程活动对地质环境的影响主
yào biǎo xiàn zài rén lèi de gè zhǒng gōng chéng huó dòng huì
要表现在：(1)人类的各种工程活动会
yǐng xiǎng dì zhì huán jìng shǐ zì rán dì zhì tiáo jiàn fā shēng
影响地质环境，使自然地质条件发生
biàn huà yǐng xiǎng jiàn zhù wù de ān quán hé zhèng cháng shǐ
变化，影响建筑物的安全和正常使
yòng gōng chéng huó dòng duì dì zhì huán jìng de yǐng xiǎng
用。(2)工程活动对地质环境的影响

kě néng kuò dà dào qí tā dì qū duì rén lèi de shēng huó hé
可能扩大到其他地区，对人类的生活和
shēng cún huán jìng zào chéng bù hǎo de yǐng xiǎng
生存环境造成不好的影响。

zī liào lái yuán táng huī míng gōng chéng dì zhì xué jī
（资料来源：唐辉明，《工程地质学基
chǔ huà xué gōng yè chū bǎn shè nián yǒu shān gǎi
础》，化学工业出版社，2008年，有删改）

gēn jù wén zhāng huí dá wèn tí
根据文章回答问题

dì zhì huán jìng duì gōng chéng huó dòng de yǐng xiǎng
1. 地质环境对工程活动的影响
zhǔ yào biǎo xiàn zài jǐ gè fāng miàn
主要表现在几个方面？

wèi shén me zài dì zhì gòu zào bǐ jiào fù zá de dì fāng
2. 为什么在地质构造比较复杂的地方
shī gōng bì xū cǎi qǔ bǎo hù cuò shī
施工必须采取保护措施？

rén lèi de gōng chéng huó dòng huì duì dì zhì huán jìng
3. 人类的工程活动会对地质环境
chǎn shēng nǎ xiē yǐng xiǎng
产生哪些影响？

课文四　拓展阅读 2

dì zhì zāi hài
地质灾害

dì zhì zāi hài jiǎn chēng dì zāi shì zhǐ zài zì rán huò zhě
地质灾害，简称地灾，是指在自然或者

rén wéi yīn sù de zuò yòng xià yǐn qǐ de zài dì qiú biǎo céng
人为因素的作用下引起的，在地球表层

bǐ jiào qiáng liè de pò huài rén lèi shēng mìng cái chǎn hé shēng
比较强烈地破坏人类生命财产和生

cún huán jìng de yán tǔ tǐ yí dòng shì jiàn rú bēng tā huá pō
存环境的岩土体移动事件，如崩塌、滑坡、

ní shí liú dì liè fèng shuǐ tǔ liú shī tǔ dì shā mò huà jí zhǎo
泥石流、地裂缝、水土流失、土地沙漠化及沼

zé huà tǔ rǎng yán jiǎn huà yǐ jí dì zhèn huǒ shān dì rè hài
泽化、土壤盐碱化，以及地震、火山、地热害

děng dì zhì zāi hài zài chéng yīn shàng jù bèi zì rán yǎn huà hé
等。地质灾害在成因上具备自然演化和

rén wéi yòu fā de shuāng chóng xìng yīn cǐ tā jì shì zì rán zāi
人为诱发的双重性，因此，它既是自然灾

hài de zǔ chéng bù fen tóng shí yě shǔ yú rén wéi zāi hài de
害的组成部分，同时也属于人为灾害的

fàn chóu
范畴。

gēn jù bù tóng de jiǎo dù hé biāo zhǔn dì zhì zāi hài yǒu
根据不同的角度和标准，地质灾害有

bù tóng de fēn lèi shǒu xiān cóng chéng yīn fāng miàn lái shuō
不同的分类。首先，从成因方面来说，

zhǔ yào yóu zì rán biàn yì dǎo zhì de dì zhì zāi hài chēng wéi
主要由自然变异导致的地质灾害称为

zì rán dì zhì zāi hài zhǔ yào yóu rén wéi zuò yòng yòu fā de
自然地质灾害，主要由人为作用诱发的

dì zhì zāi hài zé chēng rén wéi dì zhì zāi hài qí cì cóng dì
地质灾害则称人为地质灾害。其次，从地

zhì zāi hài fā shēng qū de dì lǐ huò dì mào tè zhēng lái qū
质灾害发生区的地理或地貌特征来区

fēn dì zhì zāi hài kě yǐ fēn wéi shān dì dì zhì zāi hài rú bēng
分，地质灾害可以分为山地地质灾害，如崩

tā huá pō ní shí liú yǐ jí píng yuán dì zhì zāi hài rú dì
塌、滑坡、泥石流，以及平原地质灾害，如地

zhì chén jiàng děng zài cì àn zhào wēi hài chéng dù hé guī mó
质沉降等。再次，按照危害程度和规模

dà xiǎo lái fēn kě yǐ fēn wéi tè dà xíng dà xíng zhōng xíng
大小来分，可以分为特大型、大型、中型、

xiǎo xíng dì zhì zāi hài xiǎn qíng hé dì zhì zāi hài zuì hòu cóng
小型地质灾害险情和地质灾害。最后，从

dì zhì huán jìng huò dì zhì tǐ biàn huà de sù dù lái kàn dì zhì
地质环境或地质体变化的速度来看，地质

zāi hài zé kě yǐ fēn wéi tū fā xìng dì zhì zāi hài yǔ huǎn biàn
灾害则可以分为突发性地质灾害与缓变

xìng dì zhì zāi hài liǎng dà lèi qián zhě rú bēng tā huá pō ní
性地质灾害两大类。前者如崩塌、滑坡、泥

shí liú dì miàn tā xiàn dì liè fèng děng tā men tōng cháng shì
石流、地面塌陷、地裂缝等，它们通常是

yóu bǐ jiào gōng rèn de yuán dì ké biǎo céng dì zhì jié gòu de
由比较公认的原地壳表层地质结构的

jù liè biàn huà ér yǐn qǐ de shì tū fā xìng de ér hòu zhě rú
剧烈变化而引起的，是突发性的；而后者如

qū yù xìng dì miàn chén jiàng hǎi shuǐ rù qīn shí shān dì qū de
区域性地面沉降、海水入侵、石山地区的

shuǐ tǔ liú shī gān hàn bàn gān hàn dì qū de huāng mò huà shí
水土流失、干旱半干旱地区的荒漠化、石

mò huà hé qū yù xìng dì zhì gòu zào chén jiàng bèi jǐng xià píng
漠化和区域性地质构造沉降背景下平

yuán huò pén dì dì qū de pín fán hóng zāi děng tā men tōng
原或盆地地区的频繁洪灾等，它们通

cháng shì yóu qū yù xìng dì zhì shēng tài huán jìng biàn yì ér
常是由区域性地质生态环境变异而

yǐn fā de wēi hài dì zhì jiè cháng chēng qí wéi huǎn biàn xìng
引发的危害，地质界常称其为缓变性

dì zhì zāi hài yòu chēng wéi huán jìng dì zhì zāi hài
地质灾害，又称为环境地质灾害。

suǒ yǒu de dì zhì zāi hài dōu shì zài yī dìng de dòng lì
所有的地质灾害都是在一定的动力

yòu fā xià fā shēng de yòu fā dì zhì zāi hài de dòng lì yǒu de
诱发下发生的。诱发地质灾害的动力有的

shì tiān rán de yǒu de shì rén wéi de yīn cǐ dì zhì zāi hài yòu
是天然的，有的是人为的。因此，地质灾害又

kě yǐ àn zhào dòng lì chéng yīn fēn wéi zì rán dì zhì zāi hài
可以按照动力成因分为自然地质灾害

hé rén wéi dì zhì zāi hài liǎng dà lèi zì rán dì zhì zāi hài fā
和人为地质灾害两大类。自然地质灾害发

shēng de dì diǎn guī mó hé pín dù shòu zì rán dì zhì tiáo jiàn
生的地点、规模和频度，受自然地质条件

kòng zhì bù yǐ rén lèi lì shǐ de fā zhǎn wéi zhuǎn yí ér rén
控制，不以人类历史的发展为转移，而人

wéi dì zhì zāi hài zé shòu rén lèi gōng chéng kāi fā huó dòng de
为地质灾害则受人类工程开发活动的

zhì yuē cháng cháng bàn suí zhe shè huì jīng jì de fā zhǎn ér
制约，常常伴随着社会经济的发展而

rì yì zēng duō rén wéi yòu fā dì zhì zāi hài de yīn sù zhǔ yào
日益增多。人为诱发地质灾害的因素主要

yǒu sì gè dì yī cǎi jué kuàng chǎn zī yuán bù guī fàn yù liú
有四个：第一，采掘矿产资源不规范，预留

kuàng zhù shǎo zào chéng cǎi kōng tān tā shān tǐ kāi liè jì ér
矿柱少，造成采空坍塌，山体开裂，继而

fā shēng huá pō dì èr kāi wā biān pō zài xiū jiàn gōng lù yī
发生滑坡。第二，开挖边坡，在修建公路、依

shān jiàn fáng děng jiàn shè guò chéng zhōng xíng chéng rén gōng
山建房等建设过程中形成人工

gāo dǒu biān pō zào chéng huá pō dì sān shān qū shuǐ kù yǔ
高陡边坡，造成滑坡。第三，山区水库与

qú dào shèn lòu zēng jiā le jìn rùn hé ruǎn huà zuò yòng dǎo zhì
渠道渗漏，增加了浸润和软化作用，导致

huá pō ní shí liú fā shēng dì sì qí tā pò huài tǔ zhì huán
滑坡、泥石流发生。第四、其他破坏土质环

jìng de huó dòng rú cǎi shí fàng pào duī tián jiā zǎi luàn kǎn
境的活动，如采石放炮，堆填加载、乱砍

luàn fá děng dǎo zhì dì zhì zāi hài fā shēng
乱伐等，导致地质灾害发生。

zài yī dìng yì yì shàng dì zhì zāi hài yǐ jīng shì yī gè
在一定意义上，地质灾害已经是一个
jù yǒu shè huì shǔ xìng de wèn tí yǐ jīng chéng wéi zhì yuē
具有社会属性的问题，已经成为制约
shè huì jīng jì fā zhǎn hé rén mín ān jū de zhòng yào yīn sù
社会经济发展和人民安居的重要因素。
yīn cǐ dì zhì zāi hài fáng zhì bù jǐn shì yù fáng duǒ bì hé gōng
因此，地质灾害防治不仅是预防、躲避和工
chéng zhì lǐ tā zài gāo céng cì de shè huì yì shí shàng gèng
程治理，它在高层次的社会意识上更
biǎo xiàn wéi yào nǔ lì tí gāo rén lèi zì shēn de sù zhì tōng
表现为要努力提高人类自身的素质，通
guò zhì dìng gōng gòng zhèng cè huò zhèng fǔ lì fǎ yuē shù
过制定公共政策或政府立法约束
gōng zhòng de xíng wéi zì jué de bǎo hù dì zhì huán jìng cóng
公众的行为，自觉地保护地质环境，从
ér dá dào bì miǎn huò jiǎn shǎo dì zhì zāi hài de mù dì
而达到避免或减少地质灾害的目的。

zī liào lái yuán bǎi kē
（资料来源：360百科）

第七单元 路 基

课文一 什么是路基

路基，就是铁路和公路的基础，是在地球的表面，按照道路的位置和几何尺寸要求，**开挖**或**堆填**而形成的，作为路面基础的带状**岩土构造物**。它与桥梁、隧道相连接，一起构成线路。

路基应该有合理的**横断面**形式和尺寸。按照堆填或开挖的情况，路基断面形式可以分为**路堤**、**路堑**和半填半挖三种。路堤是全部用岩土堆填形成的路基；路堑是全部在原来地面开挖形成的路基；当原来地面的**横坡坡度**比较大，路基比较宽，需要在一边开挖而在另一边堆填的时候，就会形成半填半挖路基。

路基一般用土或石料修建，从材料上分，可以分为土路基、石路基、土石路基三种。由于建造路基的材料主要是土石，所以路基经常会受到地质、水、降雨、气候、地震等自然条件变化的破坏，抵抗能力比较差，因此，路基必须具有足够的坚固性、稳定性和**耐久性**。对于高速铁路来说，路基还应该有合理的**刚度**，保证列车高速行驶过程中的平稳性和舒适性。

（资料来源：360 百科）

生词

开挖	kāiwā	excavate
堆填	duītián	landfill
岩土构造物	yántǔ gòuzàowù	geotechnical structure
横断面	héngduànmiàn	cross section
路堤	lùdī	embankment
路堑	lùqiàn	cutting
横坡坡度	héngpō pōdù	transverse slope
耐久性	nàijiǔxìng	durability
刚度	gāngdù	rigidity

语法点

……性：表示事物的性质或性能。

例：三角形具有稳定性。

课文二 路基的构造

路基的构造主要包括三个部分。

1. 本 体

主要包括用天然的土、石所堆填的路堤和通过开挖而形成的路堑。根据地质条件和堆填材料的不同，路基**本体**可以分为路堤、路堑、半路堤、半路堑、半堤半堑、不填不挖路基六种基本形式。

2. 排　水

主要包括地面排水设备和地下排水设备两类。地面排水设备主要用来把有可能停留在路基范围内的地面水迅速地排除到路基外，并防止路基外的地面水流进路基范围，包括侧沟、排水沟、**天沟**等。地下排水设备根据**水文**和地质条件修建在地下一定深度，主要用来**截断**、**疏干**、引出地下水或者降低地下水位，使路基保持干燥，包括**排水槽**、渗水**暗沟**、**渗井**等。

3. 防　护

包括坡面防护设备、冲刷防护设备、支撑加固设备、防沙防雪设施四类。坡面防护设备主要用来保护比较容易受到破坏，会出现变形的土质的边坡，如铺草皮、**喷浆**、抹面、护墙、护坡等。冲刷防护设备主要用来防止水流或波浪对路基产生影响，如铺草皮、**石笼**、**圬工护坡**、挡土墙、**顺坝**等。支撑加固设备主要用来支撑、加固路基本体，如挡土墙、支柱等。防沙防雪设施主要用来防止风沙、风雪掩埋路基，如各种栅栏、防护林等。

（资料来源：360 百科）

生词

本体	běntǐ	noumenon
天沟	tiāngōu	gutter
水文	shuǐwén	hydrology
截断	jiéduàn	truncation
疏干	shūgān	unwater
排水槽	páishuǐcáo	drainage channel

暗沟	àngōu	subdrain
渗井	shènjǐng	well
喷浆	pēnjiāng	spray
石笼	shílóng	the stone cage
圬工护坡	wūgōng hùpō	masonry slope protection
顺坝	shùnbà	longitudinal dike

练习

一、根据拼音写词语。

duītián　　lùmiàn jīchǔ　　suìdào　　héngduànmiàn

(　　)　　(　　)　　(　　)　　(　　)

pōdù　　dǐkàng nénglì　　nàijiǔxìng　　shūshìxìng

(　　)　　(　　)　　(　　)　　(　　)

páishuǐ shèbèi

(　　)

二、根据课文判断正误。

1. 路堤、路堑是根据堆填材料的不同区分的。(　　)
2. 路基的构造主要包括本体、排水、防护三个部分。(　　)
3. 铺草皮可以保护比较容易受到破坏的土质路基。(　　)
4. 地下排水设备可以降低地下水位，保持路基干燥。(　　)
5. 侧沟、排水沟都属于地下排水设备。(　　)
6. 路基断面可以分为土路基、石路基、土石路基三种。(　　)
7. 路基可以在地球表面的任何地方修建。(　　)
8. 路基全部都是用土和石料修建而成的。(　　)

9. 面对地震、降雨等自然条件变化引起的破坏，路基几乎没有抵抗能力。(　　　　)

三、根据课文填空。

1. 根据____________________和____________________的不同，路基本体可以分为六种基本形式。

2. 从材料上分，路基可以分为_____________、______________和__________________三种。

3. 路基刚度可以保证列车行驶过程中的___________________和_______________。

4、根据堆填和开挖的情况，路基断面可以分为_______________种类型。

四、语法练习。

1. 找出课文中带有“……性”的短语或句子。

2. 查词典，找出“……性”的用法并分别造句。

五、将适当的词语连接在一起。

保持	水位	支撑	路基
降低	干燥	加固	污水
防止	工具	避免	设备
保护	破坏	排除	变形

课文三　扩展阅读 1

gāo sù tiě lù lù jī jì shù tè diǎn
高速铁路路基技术特点

gāo sù tiě lù de chū xiàn duì chuán tǒng tiě lù de shè
高速铁路的出现对传统铁路的设
jì shī gōng yǎng hù wéi xiū tí chū le xǔ duō xīn de wèn
计、施工、养护、维修提出了许多新的问
tí zài lù jī gōng chéng fāng miàn gāo sù tiě lù lù jī yǒu
题。在路基工程方面，高速铁路路基有
yǐ xià tè diǎn
以下特点。

lù jī jié gòu xíng shì fā shēng le biàn huà
1. 路基结构形式发生了变化

gāo sù tiě lù de guǐ dào zhǔ yào shì yǒu zhǎ guǐ dào hé
高速铁路的轨道主要是有砟轨道和
wú zhǎ guǐ dào liǎng zhǒng yǒu zhǎ guǐ dào xiàn lù jié gòu yǐ
无砟轨道两种。有砟轨道线路结构已
jīng gǎi biàn le guò qù de jié gòu xíng shì ér wú zhǎ guǐ dào
经改变了过去的结构形式；而无砟轨道
yīn wèi yǒu hěn duō yōu diǎn zài mù qián gāo sù tiě lù zhōng
因为有很多优点，在目前高速铁路中
bèi bù duàn shǐ yòng lù jī jié gòu xíng shì yě fā shēng le
被不断使用，路基结构形式也发生了
biàn huà
变化。

yán gé kòng zhì lù jī gōng hòu chén jiàng
2. 严格控制路基工后沉降

gāo sù tiě lù duì lù jī de gōng hòu chén jiàng yǒu yán gé
高速铁路对路基的工后沉降有严格
biāo zhǔn sù dù wéi qiān mǐ xiǎo shí de kè yùn
标准，速度为 200 ~ 250 千米/小时的客运
zhuān xiàn yǒu zhǎ guǐ dào lù jī yī bān dì duàn gōng hòu chén
专线，有砟轨道路基一般地段工后沉
jiàng fēn bié yāo qiú xiǎo yú lí mǐ lù qiáo guò dù
降分别要求小于 15 ~ 10 厘米，路桥过渡
duàn gōng hòu chén jiàng fēn bié xiǎo yú lí mǐ ér wú zhǎ
段工后沉降分别小于8 ~ 5 厘米；而无砟
guǐ dào yīn wèi lù miàn jī chǔ yī dàn chū xiàn biàn xíng huò
轨道，因为路面基础一旦出现变形或
zhě pò huài wéi xiū fēi cháng kùn nán yīn cǐ duì biàn xíng de
者破坏，维修非常困难，因此，对变形的
kòng zhì yě gèng jiā yán gé yán gé kòng zhì lù jī gōng hòu
控制也更加严格。严格控制路基工后
chén jiàng biāo zhǔn shì gāo sù tiě lù bù tóng yú chuán tǒng tiě
沉降标准，是高速铁路不同于传统铁
lù lù jī de yī gè zuì dà de jì shù tè diǎn
路路基的一个最大的技术特点。

lù jī gāng dù yǔ liè chē guǐ dào xì tǒng xiāng
3. 路基刚度与列车—轨道系统相
pǐ pèi
匹配

lù jī de gāng dù tài dà huò tài xiǎo dōu bù lì yú gāo sù
路基的刚度太大或太小都不利于高速
xíng chē duì gāo sù tiě lù lù jī lái shuō jì yào wèi guǐ dào tí
行车。对高速铁路路基来说，既要为轨道提
gōng liè chē yùn xíng shí xū yào de bǐ jiào xiǎo de tán xìng biàn
供列车运行时需要的比较小的弹性变

xíng jī chǔ yòu bì xū jù yǒu hé shì de gāng dù yòng lái jiàng dī
形基础，又必须具有合适的刚度用来降低
xì tǒng de dòng lì zuò yòng cǐ wài zài lù qiáo guò dù lù
系统的动力作用。此外，在路桥过渡、路
hán guò dù lù suì guò dù qiàn dī guò dù wú zhǎ guǐ dào yǔ
涵过渡、路隧过渡、堑堤过渡、无砟轨道与
yǒu zhǎ guǐ dào de guò dù děng bù tóng jié gòu lèi xíng zhī jiān
有砟轨道的过渡等不同结构类型之间
de guò dù duàn shàng lù jī gāng dù yě fēi cháng zhòng yào
的过渡段上，路基刚度也非常重要。

zī liào lái yuán wáng bǐng lóng gāo sù tiě lù lù jī gōng
（资料来源：王炳龙，《高速铁路路基工
chéng zhōng guó tiě lù chū bǎn shè nián yǒu shān gǎi
程》，中国铁路出版社，2007年，有删改）

gēn jù wén zhāng huí dá wèn tí
根据文章回答问题

gāo sù tiě lù de guǐ dào zhǔ yào yǒu nǎ jǐ zhǒng biàn huà
1. 高速铁路的轨道主要有哪几种变化？

gāo sù tiě lù bù tóng yú chuán tǒng tiě lù lù jī de zuì
2. 高速铁路不同于传统铁路路基的最
dà de jì shù tè diǎn shì shén me
大的技术特点是什么？

gāo sù tiě lù lù jī gāng dù wèi shén me zhòng yào
3. 高速铁路路基刚度为什么重要？

课文四 拓展阅读2

tiě lù lù jī bìng hài lèi xíng jí fáng zhì
铁路路基病害类型及防治

suí zhe xiàn dài wù liú yùn shū yè de fā zhǎn tiě lù chéng
随着现代物流运输业的发展，铁路承

zài de yā lì yuè lái yuè dà tiě lù duì lù jī de yāo qiú yě yuè
载的压力越来越大，铁路对路基的要求也越
lái yuè yán gé yīn cǐ duì lù jī bìng hài de fáng hù yǔ chù lǐ
来越严格。因此，对路基病害的防护与处理
jiù xiǎn de yuè lái yuè zhòng yào
就显得越来越重要。

tiě lù shì dà xíng xiàn zhuàng jié gòu gōng chéng wǎng
铁路是大型线状结构工程，往
wǎng yào jīng guò xǔ duō dì zhì tiáo jiàn hé qì hòu huán jìng
往要经过许多地质条件和气候环境
gè bù xiāng tóng de dì qū zhè jiù shǐ dé tiě lù lù jī yán
各不相同的地区，这就使得铁路路基沿
xiàn jīng guò de tǔ céng tiáo jiàn chā bié bǐ jiào dà lù jī tián
线经过的土层条件差别比较大，路基填
liào yě bù yī zhì bù shǎo dì qū dōu cún zài péng zhàng tǔ
料也不一致，不少地区都存在膨胀土、
hóng nián tǔ ruǎn yán fēng huà cán jī tǔ děng gè zhǒng gōng
红黏土、软岩风化残积土等各种工
chéng xìng zhì bù liáng de tǔ yóu yú tiě lù lù jī huì shòu
程性质不良的土。由于铁路路基会受
dào dì lǐ hé qì hòu huán jìng cháng nián biàn huà de yǐng
到地理和气候环境常年变化的影
xiǎng zài jiā shàng shī gōng shí de jì shù shuǐ píng jīng jì
响，再加上施工时的技术水平、经济
tiáo jiàn yǐ jí shī gōng jī xiè shè bèi fāng miàn de yuán yīn
条件以及施工机械设备方面的原因，
róng yì dǎo zhì chǎn shēng gè zhǒng tiě lù lù jī bìng hài lù
容易导致产生各种铁路路基病害。路
jī de ān quán zhuàng kuàng zhí jiē guān xì dào liè chē de yùn
基的安全状况直接关系到列车的运
xíng ān quán lù jī bìng hài huì yán zhòng yǐng xiǎng liè chē
行安全，路基病害会严重影响列车
de ān quán yùn xíng yīn cǐ liǎo jiě bìng hài de lèi xíng jí qí
的安全运行。因此，了解病害的类型及其

chǎn shēng yuán yīn bìng duì lù jī bìng hài jìn xíng fáng hù
产生原因，并对路基病害进行防护
hé zhì lǐ shì fēi cháng zhòng yào de
和治理是非常重要的。

tiě lù lù jī bìng hài zhǔ yào biǎo xiàn wéi lù jī xià chén
铁路路基病害主要表现为路基下沉、
jǐ chū biàn xíng fān jiāng mào ní xiàn xué shuǐ jìn lù jī hé
挤出变形、翻浆冒泥、陷穴、水浸路基和
dòng hài děng xíng shì qí zhōng lù jī xià chén shì zuì cháng
冻害等形式。其中，路基下沉是最常
jiàn de lù jī bìng hài lù jī zhī suǒ yǐ huì xià chén zhǔ yào shì
见的路基病害。路基之所以会下沉，主要是
yīn wèi lù jī tǔ de mì dù hé qiáng dù bù zú huò zhě shì yīn
因为路基土的密度和强度不足，或者是因
wèi dì jī bǐ jiào sōng ruǎn zài yǔ shuǐ lù jī de hè zhòng lù
为地基比较松软，在雨水、路基的荷重、路
jī zì shēn zhòng liàng yǐ jí xíng chē shí chǎn shēng de zhèn
基自身重量以及行车时产生的振
dòng zōng hé zuò yòng zhī xià zào chéng jú bù huò jiào dà miàn
动综合作用之下，造成局部或较大面
jī de lù jī shù xiàng biàn xíng jǐ chū biàn xíng jù tǐ biǎo
积的路基竖向变形。挤出变形具体表
xiàn wéi lù jiān lóng qǐ cè gōu bèi jǐ děng zào chéng jǐ chū
现为路肩隆起、侧沟被挤等，造成挤出
biàn xíng de yuán yīn zhǔ yào shì lù jī jī chuáng de qiáng dù
变形的原因土要是路基基床的强度
bù zú fān jiāng mào ní shì zhǐ zài hán yǒu fěn lì zhān lì de
不足。翻浆冒泥是指在含有粉粒、粘粒的
jī chuáng biǎo céng tǔ zhì zhōng yóu yú huǒ chē xíng shǐ shí
基床表层土质中，由于火车行驶时
chǎn shēng de fǎn fù zhèn dòng yǐ jí shuǐ de zuò yòng ér zào
产生的反复振动以及水的作用而造
chéng de ruǎn huà yè huà děng xiàn xiàng xiàn xué shì yīn wèi zài
成的软化、液化等现象。陷穴是因为在

tiě lù lù jī hé lù jī fù jìn yǒu dòng xué dòng xué de tān tā
铁路路基和路基附近有洞穴，洞穴的坍塌
kě néng huì dǎo zhì lù jī jī chuáng yǐ jí dào chuáng de kuài
可能会导致路基基床以及道床的快
sù xià chén zhì shǐ tiě lù guǐ dào xuán kōng xíng chē bèi pò
速下沉，致使铁路轨道悬空，行车被迫
zhōng duàn yán zhòng shí yǒu kě néng dǎo zhì liè chē de diān
中断，严重时有可能导致列车的颠
fù shuǐ jìn lù jī zé shì zhǐ lù jī de shí jì jìn shuǐ qíng kuàng
覆。水浸路基则是指路基的实际浸水情况
chāo guò le lù jī de shè jì shuǐ wèi lù jī bèi shuǐ yān mò
超过了路基的设计水位，路基被水淹没
huò zhě jìn pào zào chéng yī dìng chéng dù de xià chén huò zhě
或者浸泡，造成一定程度的下沉或者
jú bù de tān luò
局部的坍落。

lù jī bìng hài de biǎo xiàn xíng shì duō zhǒng duō yàng dǎo
路基病害的表现形式多种多样，导
zhì bìng hài fā shēng de yuán yīn yě fēi cháng fù zá bìng qiě
致病害发生的原因也非常复杂，并且
měi yī zhǒng bìng hài dōu yǒu zì jǐ tè shū de bìng lǐ dàn guī
每一种病害都有自己特殊的病理。但归
nà qǐ lái zào chéng lù jī bìng hài de yuán yīn zhǔ yào jí
纳起来，造成路基病害的原因主要集
zhōng zài liǎng gè fāng miàn dì yī bìng hài de fā shēng qǔ jué
中在两个方面：第一，病害的发生取决
yú tè dìng de dì zhì huán jìng dì èr bìng hài de fā shēng yǔ
于特定的地质环境；第二，病害的发生与
xiāng yìng de qì hòu biàn huà hé liè chē zhèn dòng hè zài xī xī
相应的气候变化和列车振动荷载息息
xiāng guān qián zhě shì bìng hài fā shēng de nèi yīn hòu zhě
相关。前者是病害发生的内因。后者
shì bìng hài fā shēng de wài yīn yóu yú dì zhì tiáo jiàn shì kè
是病害发生的外因。由于地质条件是客

guān cún zài de suī rán tā yě zài bù duàn de fā shēng biàn
观存在的，虽然它也在不断地发生变

huà dàn jī běn shàng shì yī zhǒng jiào wéi wěn dìng de liàng
化，但基本上是一种较为稳定的量。

yīn cǐ cóng yī dìng chéng dù shàng shuō lù jī bìng hài de fā
因此，从一定程度上说，路基病害的发

shēng zhǔ yào yǔ qì xiàng shuǐ wén tiáo jiàn hé liè chē cháng qī
生主要与气象水文条件和列车长期

zhòng fù zhèn dòng hè zài yǒu guān
重复振动荷载有关。

yóu yú tiě lù lù jī bìng hài de chǎn shēng yuán yīn gè bù
由于铁路路基病害的产生原因各不

xiāng tóng yīn cǐ zhēn duì bù tóng dì qū bù tóng tè diǎn de
相同，因此，针对不同地区、不同特点的

lù jī bìng hài xū yào cǎi yòng bù tóng de zhěng zhì cuò shī mù
路基病害需要采用不同的整治措施。目

qián bǐ jiào cháng yòng de zhǔ yào yǒu lù jī miàn fáng pái
前，比较常用的主要有路基面防排

shuǐ jī chuáng jiā gù jī chuáng yǐ xià bù wèi jiā gù jiā kuān
水、基床加固、基床以下部位加固、加宽

lù jī miàn kuān dù pō miàn jiā gù děng cuò shī
路基面宽度、坡面加固等措施。

zī liào lái yuán wáng bǐng lóng gāo sù tiě lù lù jī gōng
（资料来源：王炳龙，《高速铁路路基工

chéng zhōng guó tiě lù chū bǎn shè nián yǒu shān gǎi
程》，中国铁路出版社，2007年，有删改）